東欧サッカークロニクル

モザイク国家に渦巻く
サッカーの熱源を求めて

文・写真
長束恭行

マクシミール・スタディオンで発煙筒を炊く
バッド・ブルー・ボーイズ（クロアチア）

WISŁA
WKS ŚLĄSK

「ヴィスワ対シロンスク」の試合にこれだけ多彩なマフラーが。両クラブのサポーターに加え、部外者のレヒアのサポーターも「協定」の名の下で一緒に応援しているからだ(ポーランド)。

500年ぶりに復活したジョージア国旗をフェイスペイントするサポーター。
代表チームは国旗にちなんで「十字軍」と呼ばれている（ジョージア）。

ジャルギリスは放漫経営で潰れたのち、サポーター達の手で再建された古豪。
選手とサポーターがピッチ上で一緒にリーグ初優勝を祝った（リトアニア）。

地元民が「バルカン半島で3番目に大きいダービー」と呼ぶ「ドリータ対ジラーニ」。
人口10万人のジランの街が赤青の2色に分かれ、ライバル剥き出しに戦う（コソボ）。

欧州最強レベルのサポーター軍団を持つレギア・ワルシャワの支持層は幅広い。
ゴール裏最前列の子供もこうして「L」の伝統を受け継いでいく（ポーランド）。

CONTENTS

「永遠なるダービー」こと「ズヴェズダ対パルチザン」の始まりを待つ武装警官隊。
サポーターの加熱ぶりは欧州一で、これから彼らは大仕事が待っている(セルビア)。

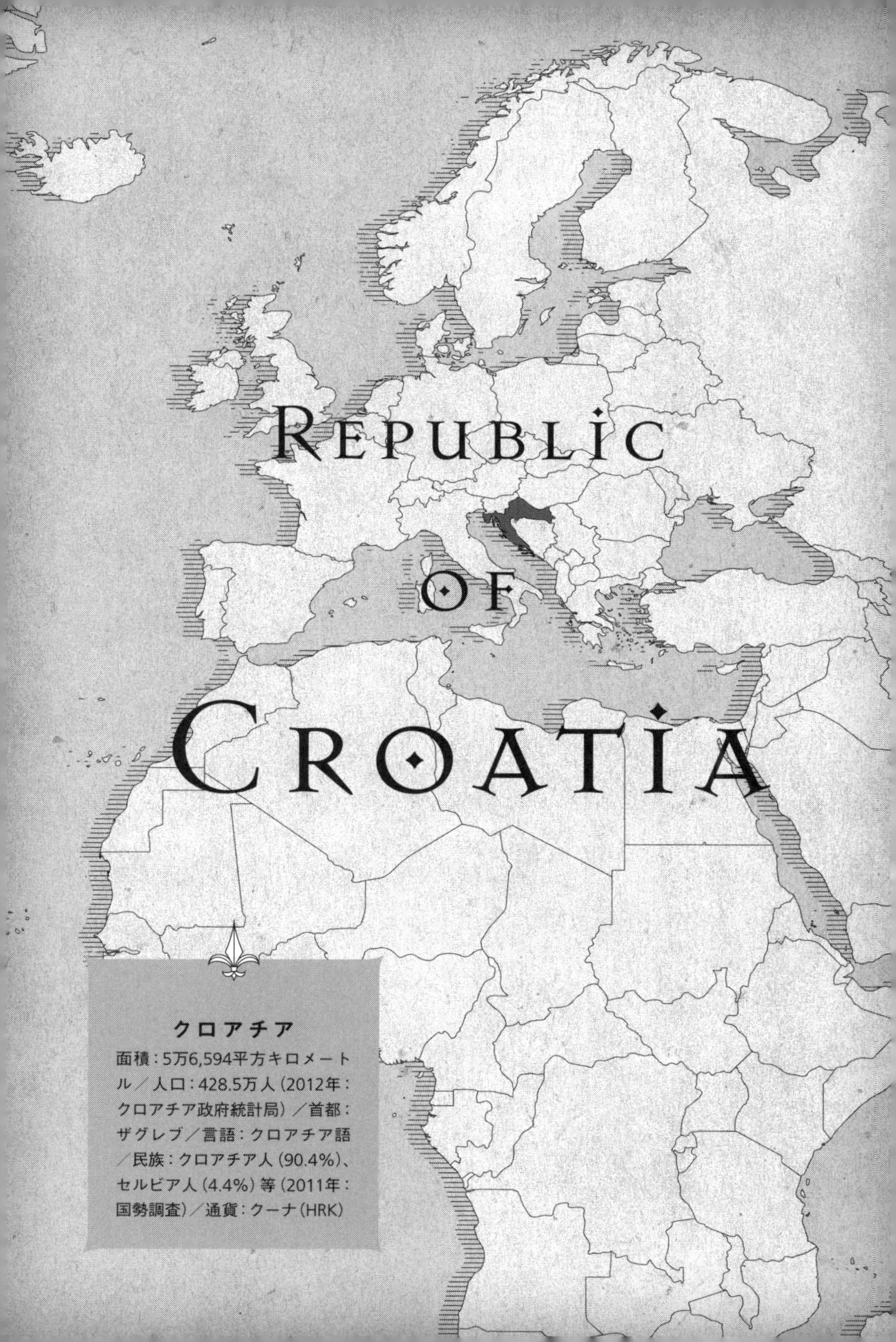

REPUBLIC OF CROATIA

クロアチア

面積：5万6,594平方キロメートル／人口：428.5万人（2012年：クロアチア政府統計局）／首都：ザグレブ／言語：クロアチア語／民族：クロアチア人（90.4%）、セルビア人（4.4%）等（2011年：国勢調査）／通貨：クーナ（HRK）

権力闘争に揺れるクロアチア、私物化されたディナモ

報復がどうなるかを想像すると、私は顔面蒼白になった。ブラジル・ワールドカップ（W杯）開幕戦直後は西村雄一主審がブラジルに与えたPKの是非が世界中で議論されたが、クロアチアがジャッジに怒りを覚えた場面はあれ一つとは限らなかった。現地生活の10年間でクロアチア人がクロアチア人たる性根を私は熟知している。自分の非を認めるよりも真っ先に相手を攻撃する外責型。そして敵と見なした対象はとことん貶し、闘争を次第にエスカレートしていく。たとえクロアチア人が親日的だと言われていても。

「信用に値する」はずの日本人像をたった90分間で打ち壊した西村氏は、クロアチア人にとっての「ペルソナ・ノン・グラータ」（好ましからざる人物）となった。リオデジャネイロの空港でクロアチア・サポーターが西村氏を脅迫する事件が発生したことは日本でも報じられたが、クロアチア国内でも異様な反日キャンペーンが行われていた。実況や報道では「日本人の（ニシムラ主審が）」という修飾句が繰り返し使われ、果てには「日本人が」と略されてしまう。

すると、批判対象は個人ではなく、国家や国民へ伝染してしまうのが自然の成り行きだ。「クロアチアのすべてのサンダル（クロアチア語で〝japanke〟＝日本女性の意）を燃やしてしまえ」というシニカルな呼びかけもあれば、「ニシムラがクロアチアから（勝利を）盗みました」とクロアチア語で書かれた紙を日本人旅行者に持たせ、写真をネット上で流布するようなサポーターも現れた。クロアチアの在留邦人は100人余りしかいないが、彼らも周囲から突き上げられ、「日本人は信用できない」とビジネスが突然破談になったケースも聞かされた。

反日ムードを醸成したニシムラ狂騒曲の後

あれから2か月後、私は慣れ親しんだクロアチアの土を踏んだ。旧友やサッカー関係者から嫌味の一つや二つが飛ぶのを覚悟し、母方の旧姓が西村であることを理由に「君達には済まなかったが、私にもニシムラの血が流れている」なんて切り返しも用意した。しかし、2週間の滞在で会ったクロアチア人の誰一人も日本人審判の話題を取り上げることなく、耳にしたのは反日キャンペーンの残骸だけだった。

「うちの子供達は日本のテレビ番組『ニンジャ・ウォーリアーズ』（SASUKE）に釘付けで、

ニシムラ選手が登場すると興奮するんだ。W杯を機にクロアチア人の誰もが覚えた名前だからね」

2児のパパとなった熱血サポーターの友人マティヤはそう一笑する。代表戦の会場ではクロアチア・サッカー協会のゾリスラフ・スレブリッチ事務局長と再会した。20年間にわたって要職を担う彼の口癖は「オメデトウ」。日韓W杯でキャンプ地に選んだ新潟県十日町市とは今でも交流を続け、「十日町市のことは日本人の誰よりも知っている」と胸を張る人物だ。平身低頭の私を励ますように彼はニッコリと語った。

「クロアチアと日本の友情は長年にわたって築かれたもの。あの一件ぐらいで関係は壊れないから安心しなさい」

私の心配は杞憂に過ぎなかった。決勝トーナメント進出の懸かるメキシコとの第3戦に完敗し、W杯敗退の弁解が開幕戦のジャッジ云々に収まらなかったことも影響したのだろう。大会後の批判はニコ・コヴァチ監督の選手起用に一点集中していた。

「ファンタジスタのルカ・モドリッチとイヴァン・ラキティッチを、なぜダブルボランチに固定するのか?」

メディアは無職のベテラン監督を識者に祭り立てて青年監督を袋叩きにし、W杯で冷遇された選手や部外者の意見を織り交ぜた人格批判も展開した。「ニコは真のドイツ人であるかのようだ。情熱ある人間の目をしてないから結果も残せないんだ」（リノ・チェルヴァル／クロアチアを2度世界王者に導いたハンドボール監督）——コヴァチ監督はベルリン生まれの移民2世だが、この難癖には「ドイツ人だって情熱が無ければ成功は収められないと思う。表現の違いはあれ、私だって感情豊かなクロアチア人だ」と反論した。布陣見直しを図った10月中旬のEURO予選まで、コヴァチ監督は全試合に勝利しながらも、このようなネガティブキャンペーンが常に張られていた。この「しつこさ」と「攻撃性」こそクロアチア人の本質だ。

首都ザグレブの中心部からマクシミール・スタディオンに至るロータリーの壁面に、こんな一文が落書きされている。

「自分の金銭を賭けで失った私は、（サッカーの）聖地や子供の笑顔、サポーターの喜びを失わせた誰かさんよりも酷いギャンブラーなのだろうか？」

ディナモ・ザグレブのサポーター「バッド・ブルー・ボーイズ」（BBB）が敬愛する指導者ヨシップ・クジェが、生前のインタビューで発した名文句だ。90年代にガンバ大阪監督として一財産を築いたものの、帰国後はカジノでルーレットに没頭し、億単位の損失を被った。闇金にも手を出したことで一時は姿を眩ましたが、2005年にディナモ監督に復帰するや、前年7位のチームをぶっちぎりの優勝に導く。犯した過ちを正直に告白し、困難を乗り越えた地元出身のクジェの姿は、とりわけBBBからの共感を得た。マクシミールが観客で埋め尽くされ、街中が優勝に沸いたのも今は昔。ディナモはそのシーズンからリーグ9連覇を果たすも、平均観客は1500人まで落ち込んでいる。クジェは2013年に白血病に冒され、治療の甲斐なく60歳で生涯を閉じた。彼が晩年に批判した相手、サポーターの喜びを失わせた「誰かさん」とは、定款で「市民サッカークラブ」を謳うはずのディナモを15年間私物化してきた取締役会長ズドラヴコ・マミッチだ。

マミッチは代理人業を営みながらディナモ幹部に登り詰め、移籍ビジネスで敏腕を振るって財政をプラスに転じた一方、個人契約を結ばされたモドリッチら有力選手の移籍金の一部を着服することで私服を肥やし、三顧の礼で迎えたはずのヴァヒド・ハリルホジッチを含め、国内外の並み居る監督をハイペースで切り続けた。実弟ゾラン・マミッチを監督に据えてから解任癖は収まるも、現場介入は必然的に行われている。彼はサッカー協会内においても地盤を固め、フランスW杯得点王のダヴォル・シュケルをマリオネットに見立て、2012年に新会長として擁立。自分は副会長の立場でサッカー界を背後で操ってきた。

2014年4月、クラブレジェンドのダリオ・シミッチ、イゴール・ビシュチャン、シルヴィオ・マリッチ、トミスラフ・ショコタの4人が発起人となり、クラブ会員の手による会長選挙を求めた「我々のディナモのために」と題する市民活動を開始。嘆願書にはOBのロベルト・

プロシネチュキやミハエル・ミキッチ、格闘家のミルコ・クロコップを含めた5万人の署名を集めた。

「何があろうとディナモから離れるものか！　離れるとしたらクラブの定款に則る場合か、クラブを株式化した場合だけだが、彼らの活動で私を追放できるとは思えない。どうせ（私と敵対する）ズヴォニミール・ボバンが裏で計画しているのだろう」（マミッチ）

「マミッチがそう反撃するのは予想済みだ。誰が相手だろうと、どんな脅迫だろうと僕達は恐れない」（ショコタ）

「独裁者はどのような終焉を迎えたか、歴史を通して僕達は知っている」（シミッチ）

ディナモは誰のものなのか。ディナモ名誉会長の肩書きを持ち、ディナモに多額の税金を投入してきたザグレブ市長のミラン・バンディッチが、同年10月に贈収賄容疑で逮捕された。定款の合法性に嫌疑を抱く政府の監査要求をザグレブ市が受けた際、法武装したディナモを「疑いなし」と認めた人物だ。ディナモを巡る市民闘争も新たな局面を迎えている。

闘争の分岐点、文部科学スポーツ大臣の更迭

2014年はクロアチア・サッカー界にとって「闘争の1年」となった。その中のターニ

ングポイントは、実はW杯開幕戦前日に訪れていた。2012年1月の文部科学スポーツ大臣就任以来、マラリアを媒介する蚊が繁殖した〝泥沼〟にサッカー協会をたとえ、その「乾燥化」に努めていたジェリコ・ヨヴァノヴィッチ大臣が6月11日に更迭されている。理由はサッカー界に首を突っ込んだあまり、教育など本来解決すべき問題をおざなりにしたからだ。

大臣職にあったヨヴァノヴィッチ氏は「クロアチアのスポーツ界にマミッチがいるべき場所などない」と敵視。マミッチは2013年にラジオで「クロアチアのすべてを嫌う血に飢えたセルビア人」(大臣の出自は少数民族のセルビア系)と反撃し、その発言が民族差別を助長するとして警察に連行された。それ以降、シュケル会長はマミッチと距離を置き、ヨヴァノヴィッチ大臣に擦り寄ってフーリガン撲滅に協力した。だが、クラブライセンスの不当供与が疑われたサッカー協会にメスを入れるべく、大臣が政府監査を試みた翌年2月に両者の対立が表面化。協会運営への政府介入を禁じたFIFAやUEFAの警告文をシュケル会長が取り付けることで、大臣による手出しを頑として許さなかった。5月のカップ戦決勝では、政府代表として出席したヨヴァノヴィッチ大臣に対し、シュケル会長がプロトコルにあった大臣のトロフィー授与を独断で潰し、こう侮辱した。

「黒いジプシーにもトロフィー授与の役目は許すが、私が会長を務める間、ヨヴァノヴィッチだけにはやらせない」

それから1か月も経たないうちに、無力なヨヴァノヴィッチは大臣の椅子を失ってしまう。マミッチも刑事裁判で無罪、民事裁判で勝訴が確定した。ブレーキを失ったサッカー界に諸問題が勃発するのは、それ以降の話だ。

「マミッチに対して名誉毀損で裁判を起こす。いつかディナモから追い出してやる！」

ＢＢＢの主要メンバーであるトミは、マミッチがテーマになると一段と声を張り上げた。反マミッチキャンペーンに子供達を利用したことを本人に噛み付かれ、記者会見で個人情報を流されたことに彼は立腹している。２０１１年に改正された「スポーツ競技会における騒動防止法」、いわゆる「サポーター法」の新条項によってトミを含む約５００人がスタジアム出入禁止になった。警察だけでなくクラブにも出入禁止を認める第32条第7項の項文はこうだ。

「スポーツ競技会の運営者あるいは契約上の入場券配給者は、過去に違反行為が認められる人物に対して特定の競技会における入場券の販売や配給を拒否し、スポーツ施設の敷地内への入場を拒む措置が講じられる」

２０１４／15シーズンのチャンピオンズリーグ予選でディナモがジャルギリスと対戦するのを機に、友人のトミは私が住むリトアニアへと訪れた。彼がディナモを応援する機会は、国内法が適用されない欧州カップのアウェイ戦しかない。

「近頃はディナモ幹部やクロアチア警察の根回しで、国外でも試合に辿り着けなくなった。問題なくスタジアムに入れるのは、金銭でマミッチに囲われた奴らだ。スタジアムでニーノを見たって？　あいつは寝返って『買収組』に転じたばかりさ」

ＢＢＢは反マミッチ派と買収組に分裂しており、ジャルギリス戦でも両派が接触しないようゴール裏の両脇に隔離された。リトアニア警察によって買収組の車両から斧や金属バットが発見されたように、どこであろうと武力行使も厭わぬ連中だ。１９８６年創立とＢＢＢの歴史は比較的浅いが、ユーゴ連邦軍を後ろ盾としたセルビア人勢力との独立戦争では、多くのメンバーが志願兵として戦場に向かい、クラブ名が共産主義を連想させるとして初代大統領フラニョ・トゥジマンが「クロアチア・ザグレブ」に改名した際も、聖なる名「ディナモ」を取り戻そうと激しく戦った。そんな闘争の歴史を歩んできた彼らも、今はマミッチを軸にしたイデオロギー対立に突入している。10月に反マミッチ派の２人が拳銃で撃たれた際は、犯行を買収組の仕業と断定。団体抗議すべく反マミッチ派が次節の試合で再結集されるも、ディナモはサポーター法第32条第7項を利用し、その日のゴール裏に居合わせた約８００人に対して新たなチケット販売を禁じた。試合中に叫ぶ「マミッチのジプシー野郎！　聖地から出て行け！」のスローガンが、ＵＥＦＡが厳しく律する「ロマ民族への差別」に相当するという説明だ。これによりブラックリスト掲載のＢＢＢは約１３００人に膨れ上がった。現役サポーターの

90％にも上る。静かなマクシミールの惨状を、天国のクジェは憂えているはずだろう。

サンシーロでのEURO予選を中断させたコアサポーターたち

11月16日。サンシーロ・スタジアムは燃えていた。先鋭化したクロアチア・サポーターが占拠する2階席で発炎筒が焚かれ、ピッチに次々と投げ込まれると、イタリア人観客の怒号が空間に響いた。真下から彼らを睨み付けるコヴァチ監督に対し、反マミッチのTシャツを手にするサポーターが1階席で叫んだ。

「マミッチやシュケルに従った罰だ！」

73分に騒動が発生するまで、クロアチアはイタリアを敗北の瀬戸際に追い詰めていた。しかし、10分間の中断はチームに暗い影を落とし、ＥＵＲＯ２０１６予選の大一番はドローに終わる。会見場のコヴァチ監督はイタリアに謝罪した上でこう嘆いた。

「いつも同じグループが騒動を起こしている。これはサッカーなのか、それとも闘争なのか。どうやって阻止すべきかを我々は自問自答せねばならない」

騒動を引き起こしたのは、ＢＢＢを中心とする国内クラブのコアサポーターだ。「サポーターに自由を」を合言葉に、かつてのライバル同士が反サッカー協会を名目に団結。国内リーグのアウェイサポーター入場を管理すべく、サッカー協会はバウチャー制（アウェイ側のクラブが身元確認した上でチケット交換券を事前販売）を導入したが、ホームサポーターが彼らに当日券を融通して同居することで制度を骨抜きにし、2か月の運用で廃止に追い込んだ。イタリア戦のアウェイチケットもサッカー協会が記名式で特定販売したはずが、イタリア人の名義貸しで約2200枚が転売され、入場チェックの緩さを利用して要注意サポーターもあっさり潜入。試合後に雲隠れしたシュケル会長の代わりに弁明を迫られたダミール・ヴルバノヴィッチ幹事長は、サポーターの行為を「クロアチア・サッカー界に対する暗殺行為だ」と非難しつつも、サポーター法の実効性を説き、イタリアの運営不備を訴えることで己の立場を肯定化した。

イタリア戦からわずか6日後、「永遠なるダービー」と称されるディナモとハイドゥク・スプリトの一戦で前代未聞の事件が発生する。ハイドゥク・サポーター「トルツィダ」の一部がマクシミールで当日券購入を拒否されたことを受け、トルツィダ全員が連帯して入場せず。チームもトルツィダに連帯して試合をボイコットし、没収試合に追い込まれた。焦点にされたのは、サポーター法第32条第7項の乱用だ。警察やハイドゥクとの情報共有を無視して、ディナモがトルツィダに対する独自のブラックリストを作成したことが発覚。それ自体は合法だが、法律そのものが人権侵害だと訴えるBBBはライバルサポーターの支持を表明した。

もう一つの焦点は、クロアチア南部の「アイデンティティ」であるハイドゥクというクラブを、マミッチ色に侵されたサッカー協会が蔑ろにし続けたことだ。偏向的なジャッジの審判を意図的に充てる一方で、判定不服に対する処分は公平性を欠いた。1年間のうちにサポーターの不祥事を問われ、1年間のうちに3度の無観客試合を味合わされている。また、代表活動も首都に集中し、第2の都市スプリトで開催された公式戦は独立後に4試合しかない。事件直後にスプリトで開かれたサッカー協会への抗議集会には、3万人ものハイドゥク関係者やトルツィダ、一般市民が集結し、シュケル会長以下幹部の退陣を訴えた。サッカー協会が緊急会議を開く中、要のシュケル会長の行方がはっきりしない。ロンドンでアーセナル戦を2試合観戦したのち、タイ国王誕生日祝賀マッチ出場を理由にバンコクへ旅立つことが発覚するや、辞任要求の声は更に強くなる。帰国後の彼は悪びれることなく、こう言い放った。

「スポーツはスポーツ選手が、政治は政治家がやるように、サポーターは己のチームを応援するだけのもの。協会に対する干渉やクラブ運営の仕事には関わらないでくれ」

W杯開幕戦の出来事は人々の記憶の底に沈んだが、サッカー界の良識や道義心すら呑み込むクロアチアの〝泥沼〟は深みを増している。サッカー協会は〝フーリガンの奴隷〟として被害者を装い、政府の無策無援を批判する。

「フーリガンは制裁されるべきだが、彼らが世論の一部で共感を得ているのは、サッカー界の泥沼と闘う唯一の存在として認められているからだ。モドリッチやラキティッチには拍手を送れるが、シュケルとマミッチには送れない」

イタリア戦後、このように2人を糾弾していたイヴォ・ヨシポヴィッチ大統領が、2015年1月の大統領選で「クロアチア民主同盟」（ＨＤＺ）の女性候補コリンダ・グラバル・キタロヴィッチに敗北。故トゥジマンによって創設された右派政党ＨＤＺは、独立当初からサッカーを政治的に利用しており、シュケルやマミッチも同党の党員として密接に繋がっている。12月にはクロアチアで国政選挙が行われ、こちらも野党のＨＤＺによる政権奪還が濃厚だ。その政治的擁護を受けるまで、２人は四面楚歌だろうと泥の中だろうと生き続けるつもりだ。

サンシーロのゴール裏で反マミッチのシャツを掲げるサポーター。
EURO2016予選のイタリア戦での騒動で、17人が警察に連行された。

権力欲と金銭欲が人一倍強い「男たちの悪巧み」が、クロアチア・サッカー界を腐乱させる。
シュケル（右）はHDZの元ザグレブ市議員、マミッチ（左）はHDZに多額の献金を行っている。

「5・13」の検証と報告——暴動事件の真実

「1990年5月13日」。旧ユーゴのサッカー史を齧った者だったら、この日に何が起こったかは直ぐにピンと来るだろう。ズヴォニミール・ボバンの熱烈なファンならば「セルビア人の警官隊がクロアチア人観客に弾圧を加え、その中で袋叩きにされている子供を助けるために心優しいボバンが立ち向かった」と美談に仕立て、セルビア寄りの物書きならば警官を蹴り飛ばしたボバンを悪玉として、またツルヴェナ・ズヴェズダ（レッドスター）のサポーター「デリエ」は一方的にやられた被害者として描くだろう。そう遠くない時代の出来事だが、この日に起きた真実について誰一人きちんと検証せず、偏った勝手な解釈ばかりしているのではないだろうか？

ティトーという唯一無二の指導者を失ったユーゴスラビア連邦は、共和国間の経済格差を主要因として民族主義政治家・民族主義政党が台頭する。1989年以来のドミノ的な共産主義崩壊はユーゴスラビアにも及び、共産主義同盟が消滅したことで連邦の実権はそれぞれの共和国に分割された。クロアチアではクロアチア民主同盟（ＨＤＺ）率いるフラニョ・トゥジマンが「クロアチア独立」の大義名分のもと支持を伸ばし、１９９０年5月5日、複数政党制選挙において急進的なＨＤＺが過半数の議席を獲得。同月30日にトゥジマンはクロアチア共和国初代大統領に選出される。５・13事件は、そんな民族対立・民族主義が渦巻く中で起こった。

では、実際にどのような暴動事件が起きたのだろうか。１９９０年5月14日付の国内紙『ヴェチェルニ・リスト』には分単位で事件が記述されている。これに当時現場に居合わせた者の証言、ＣＤ－ＲＯＭ『マルチメディア・エンサイクロペディア　ＮＫディナモ』に収められたカメラワークの異なる5種類の映像を元にして実証していく。マクシミール・スタディオンの西側は一般客が座るメインスタンド。ゴール裏の北側スタンド立見席にディナモ・サポーターのバッド・ブルー・ボーイズ（ＢＢＢ）が陣取り、東側バックスタンドの下段立見席は北側から溢れたＢＢＢ、上段椅子席はおおよそが一般客。ゴール裏の南側スタンドの下段立見席に１５００人のデリエ、上段椅子席にはわずかなファンと一般客が同居していた。

17時39分　東側バックスタンド下段のＢＢＢから南側スタンドのデリエに向けて投石が始まる。デリエも投石にて応酬。両サポーターの距離は30～40メートル。

18時07分　デリエは南側スタンドを上下段に分ける広告看板を剥がし始める。

18時11分　デリエは広告看板で塞がれていた上下段の間の通路を突破。上段の観客は入場口へと殺到するが、逃げ遅れた者はデリエの攻撃を受ける。デリエは次々と椅子を剥がし、西側メインスタンドの方向へ投げる。入場口を通って反撃に来たクロアチア人もいたが、デリエが優勢。連邦警察の警官隊はその時、何も反応しなかった。

18時14分　東側バックスタンドから50人ほどのBBBが柵を飛び越えて、南側スタンドへ向かう。立見席に残っていたデリエは上へと逃げようとするが、BBBは横断幕を剥がし取るだけで警官隊に追われて、元のスタンドへと逃げ込む。

18時17分　過敏に反応した北側スタンドのBBBが発煙筒を次々に投げ、空いた柵の一部から突破を試みる。突破を防ごうとする警官隊と殴り合い、蹴り合いが始まる。この辺りでディナモとズヴェズダの選手はピッチでの練習から引き上げる。

18時19分　北側スタンドのBBBが突破に成功、次々にピッチへとなだれ込む。おおよそ100〜150人のBBBは警官隊と揉み会い、南側スタンドへと詰め寄ってデリエに投石を始める。当初、警官隊はデリエの盾となり、メガホンにてピッチで暴れるBBBを説得しようとしたが、突破から2分後には一斉に追い出しを試みる。BBBは一目散に北側スタンドへと逃げ込むが、逃げ遅れた者は警棒で叩かれる（ここでボバンの飛び蹴りがあるが、それは後述にて）。
18時22分　2台の放水車が入ってくる。
18時29分　ＢＢＢは棒高跳びの着地台のスポンジを燃やし始める。北側スタンドに放水砲が向けられ、続いて警官隊が催涙弾を打ち込む。
18時31分　再びピッチになだれ込んだＢＢＢが警官隊に追われ、北側スタンドへと逃げ込む。ＢＢＢは警官隊に向けて〝Ｕｂｏｊｃｅ！　Ｕｂｏｊｃｅ！〟（人殺し！人殺し！）と叫ぶ。
18時33分　燃えていた棒高跳びのスポンジを消火。
18時35分　東側バックスタンドのＢＢＢに放水砲が向けられる。
18時42分　南側スタンドの上段椅子席へと移ったデリエを守るため警官隊が取り囲む。
18時51分　警官隊はピッチから退き、ＢＢＢがピッチを占領する。
18時53分　警官隊はＢＢＢに向けて催涙弾を発射。
18時56分　公式スピーカーから「サポーター達よ、落ち着いて聞いてくれ。選手達とディナモ経営陣は君達に試合だけは救ってくれと願っている」と流れる。
18時59分　ＢＢＢは放水車にも投石を始める。
19時01分　3発目の催涙弾がＢＢＢに打ち込まれる。
19時06分　警官隊は北側スタンドに急襲をしかけ、ＢＢＢを追いやる。

19時21分　公式スピーカーから試合中止が発表される。

当時21歳のボバンは「遣ったら遣り返す」若者だった

東側バックスタンドのＢＢＢによる投石がきっかけに、騒ぎはこれだけ大きなものに変化した。これらＢＢＢの行動は決して許されるものではないが、デリエが襲撃の方向を更に少数派の上段の観客へと向けたことも同罪といえる。ＢＢＢの一員として北側スタンドに居合わせたイヴァンは、騒ぎが拡大した最大の要因として、デリエのアクションに対する警官隊の無反応を指摘する。「連邦警察こそセルビアの象徴だった」（イヴァン）と考えるＢＢＢにおいて、攻撃の対象はデリエから警官隊へと変貌したのであった。

ズヴェズダのキャプテンであったドラガン・ストイコヴィッチのコメントが、事件翌日の『ヴェチェルニ・リスト』に掲載されている。

「マクシミールで起きたことは、ディナモにとって最大の損失だっただろう。ＢＢＢはディナモが首位じゃないことを罰したかったのだろうか？（事件当時はズヴェズダが首位、ディナモは2位だったが、勝点差でズヴェズダの優勝が既に決まっていた）。南側スタンド全体をデリエに開放した方が良かった。そうすれば（東側バックスタンドの）ＢＢＢは石でデリエを狙えなかったであろう。誰に罪があるかなんて分からない。このようなトラブルを酷く嫌う私は、もはや国外のクラブに移籍する機会を待つのみだ」

ズヴェズダの事務総長、ヴラディミール・ツヴェトコヴィッチ氏はデリエと警官隊の反応に対して批判する。

「貴方達が目にしたものが、貴方達に言えるすべてのことだ。ズヴェズダはこのようなサポーター達に支えられていないし、そもそもデリエを試合に呼んでいなかった。警官隊は彼らが看板を剥がし始めた時に介入する必要があり、客席の一部分を空にすべきだった。今回起きてしまったことすべてが、我々にとって明日への教訓になるよう私は望んでいる」

この暴動事件で警官に飛び蹴りを加えて以来、クロアチア国内では英雄視されるようになったボバン本人にアポを取り、話を直接訊く機会が訪れた。

インタビュー場所はテニス場に隣接した、ボバンの兄が経営するカフェ。店内には故トゥジマン大統領や友人レオナルドと一緒に撮った写真に並び、彼が警官隊と対峙する写真も壁に飾られている。ラフな格好で現れたボバンは5・13事件に関してこう振り返った。

「事件から時は経て、情勢も変わったが、私の中では肯定的に考えている。自分の取った行動は今でも誇りさ。人道的な意味合いからモラルに従ってやったことだからね。2人のサポーターが警棒で叩かれるのを見て、我々の民族に対して不正が行われていると私は感じた。どうして不正なのかというと、警官隊はクロアチア人のみ、一方の民族のみを攻撃したからだ。首都ベオグラードではそのような暴力は起きないのに、ここザグレブで我々のサポーターのみが警官隊から暴力を受けることは極めて不正だと思った。だから、私は殴られている人達と同じクロアチア民族として行動を起こしたのさ。あの頃は共産党政権や連邦警察が我々クロアチア人に色々と酷いことをしていた。ちょっと感情的になったかもしれないが、感情で動くのが人間だと思う。サッカー選手であること以前に私は人間であり、だからこそモラル的に反応しなければならなかったんだ」

ボバンは「自分はナショナリストではなくてパトリオットだ」と言う。クロアチア愛国主義者の意見として聞けばひとまず筋は通るものの、時間の経過と共に咀嚼しながら自らの行動を正当化するために練り上げられたコメントではないかと勘ぐってしまう。直接的に何が彼を警官隊への飛び蹴りに駆り立てたのだろうか。これについては、1990年5月16日の『ヴェチェルニ・リスト』に掲載された、事件後間もない彼のインタビューから読み取れる。「ディナモのサポーターに対する警官隊の態度に腹が立った。ヨシップ・クジェ監督とヴィエコスラフ・シュクリニャール（のちに揃ってガンバ大阪に在籍）はディナモのサポーターを守ろうと試みた。その中に甥の姿を見つけると、彼は警官隊に歯を折られていた。そこで私は自分のオーソリティを周囲に示そうと試みたものの、警官は警棒でまずシュクリニャールの肩を、続いて私の首と腕を叩いてきた。私はその警官の顔を覚えていたので、彼に向かって走り出し、遣り返してやったんだ。暴力を振るわれたら、相手が誰だろうと私は遣り返す！」

つまり、当時21歳のボバンは「遣ったら遣り返す」という典型的な一若者に過ぎなかったのが実情であった。ボバンのファンは「子供を助けるために警官隊を蹴った」と信じているだろうが、ピッチになだれ込むようなＢＢＢに子供がいないのは映像でも確認できる。甥といっても彼の年齢を察すれば兄妹の息子ではなく、少し離れた親戚であろう。彼は当時のインタビューで自分に罪がないことを断言しつつ、イタリアＷ杯のユーゴスラビア代表招集に関して自分の考えをこう述べている。

「今回の事件が私の代表選出に影響することはないと思っている。Ｗ杯に出場するクオリティがあるかどうかは、あくまでサッカー選手として私が評価される必要性があるからだ」

5月18日、ユーゴスラビア・サッカー協会は、処遇を決めるべく規律委員会の特別会合を開催した。規律委員会は試合運営の不備を理由にディナモを、サポーターの管理を理由にズヴェズダを罰することに決定。またボバンとシュクリニャールへの罰にも触れ、ボバンに関しては賛成4：反対3で出場停止処分が決まる。同月25日、ビデオ検証と5時間の話合いの末に規律委員会は裁定を下す。ディナモは6試合、ズヴェズダは2試合のホームスタジアム使用禁止、シュクリニャールは無罪、そしてボバンには9ヶ月間の出場停止が決定した（のちにドイツのテレビ局が収めた映像によってボバンの行為が正当防衛だったと証明され、出場停止が4ヶ月に軽減されている）。

今のボバンにイタリアW杯出場を棒に振った過去を尋ねると、「私はサッカー選手であること以前に人間である。人生において自分が信条とすることをやったまでで、それを理由にサッカー選手としてW杯に出場できなかったことは全く後悔していない」と答えた。しかし、彼がイタリアW杯の代表に選出されたとしても、チームの戦力になれたかどうかは疑問である。

当時のユーゴスラビア代表監督イヴィッツァ・オシムはW杯直前合宿のメンバーを発表した際、ボバンがリストから漏れた理由を問われ、こう返している。

「質問はデリケートで、答えるのは難しい。才能に関していえばボバンに疑いはない。しかし、現実的になってくれ。予選で彼は1試合もプレーしていないんだよ。つまり、それが答えの一つだ。ボバンはもっと才能をピッチで表現しなくてはならない。継続的に良いプレーをすることでね。可能性ある選手だと私は信じているが、彼が選ばれなかったことを悲劇的かつ刺激的には捉えないで欲しい。そして、自らの行動について冷静に考えて欲しい。ボバンはパルマでの試合（5月9日のU－21選手権準決勝第2戦／対イタリア戦）で活躍し、22人の代表リストには近づいていた。ところが、規律委員会が彼に出場停止処分を与えた以上、私はそのような選手をリストに加えることはできなかった。ボバンは大きな才能を持ち、人間としての質も持っているが、彼は誤りを犯したことを理解し、その誤りを正す必要があるんだ」

22人のリストにはボバン同様、予選で1試合もプレーしなかったロベルト・ヤルニ、ダヴォル・シュケル、アレン・ボクシッチが選出された。しかし、実際にユーゴスラビアをベスト8へと躍進させる原動力となったのはストイコヴィッチであり、彼の脇を固めたスレチコ・カタネッツ（当時サンプドリア）、そしてサフェト・スシッチ（PSV）、ファルク・ハジベギッチ（ソショー）といったベテラン陣だったのである。

「サッカーは政治ではないし、政治になってはいけないものだ。私は政治家ではない。しかし、ユーゴスラビア代表は最高の選手達によるグループなのだ」

サラエボ生まれのクロアチア人であるオシムはW杯の最終メンバー発表時にこう述べた。意気がる21歳のボバンにとって、コスモポリタニズムを信条としたオシムの正論にはぐうの音も出なかったはずだろう。

そもそも、ボバンが蹴りを入れた警官というのはセルビア人警官なのか？　ユーゴスラビア連邦がモザイク国家ならば連邦警察もモザイク組織だ。事件からちょうど12年が経過した2002年5月13日、『ヴェチェルニ・リスト』で驚きの記事を見つけた。記事の見出しは「ボバンに会いたいね」。インタビューに応える人物はレフィク・アフメトヴィッチ。なんと、ボバンに蹴られた警官本人である。現在はボスニアの首都サラエボで自動車教習所の指導員として働くアフメトヴィッチは、その名前から分かるように明らかなムスリム人だ。衝撃の事実を知って取り乱した私を、近くにいた友人ミロが諭した。

「ボバンが蹴ったのはセルビア人警官だって？　誰もそんな認識はしてないよ。大体、誰がセルビア人で誰がムスリム人だなんて一目で分かるわけないじゃないか」

アフメトヴィッチは記事の中で当時を率直に振り返る。

「今は自分の時間の多くを仕事に費やしているが、時々はあの出来事を思い出すんだ。記憶が色褪せることはないよ。我々警官隊はBBBとデリエの緊張を鎮める義務を負っていたものの、サポーター同士の喧嘩が展開されてしまった。サポーターの1人が私の同僚を殴りかかろうとしたので、私は彼を守ろうとした。すると、ボバンが現れて私の身体に両脚で蹴りを入れてきた。私が悪くて蹴りを受けたのか、それとも義務として私が蹴りを受けたのか。いや、あれは私自身に対する蹴りではなく、当時の国家に対する蹴りだと理解している。私は国家の化身だったのさ。信じて欲しい。起こってしまったことを抜きにして、ボバンがのちに豊かなキャリアを築き、成功を収めるたびに私は喜んだ。彼が世界的なスター選手になったことは嬉しいよ。クロアチアがW杯3位になったことも嬉しかった。90年5月の不幸な出来事から逃れることはできないが、私は一つの望みを持っている。それはボバンと会いたいということだ」

蹴られた警官がセルビア人ならば、民族対立は単純に図式化できる。誤った認識を日本の幾人かの物書きが安易に文章にして広めたことが「セルビア人警官説」を定着させてしまったようだ。しかし、実際に蹴られた警官はムスリム人だったというのは強烈な皮肉だ。当時の写真や映像を見ると、アフメトヴィッチを含む2人の警官に警棒で叩かれた際にもボバンはアフメトヴィッチに肘打ちを加えている。その後、ボバンは別の現場にいたアフメトヴィッチを見つけて走り出し、不意打ち的に両足で乗りかかるような形で蹴り飛ばした。ボバンの背後には彼の行動を制止しようと追いかけるシュクリニャールとクジェ監督の姿があった。

ボバンがこの事件を「私が人間となった日だ」と昇華させる一方で、アフメトヴィッチは事件における自分の存在を、加害者でもなく被害者でもない〝国家の化身〟であったと昇華させる。しかし、両者の自己解決とは関係なく、この事件は様々な解釈が重ねられ、とりわけ日本では誤った形で伝播してしまった。ＢＢＢとは全く無縁で、事件当時は20歳だったクロアチア語教師のマリッツァは冷静にこう語る。

「おおよそのクロアチアの歴史家はあの事件と戦争勃発は関係ないと答えると思うわ。その前から戦争となる予兆はあったわけだし。もしサッカー好きの歴史家だったら関係あるとも答えるかもしれないわね」

元警官の記事を、ＢＢＢの現役メンバーであるフラニョに見せて感想を尋ねた。

「ボバンが実際に蹴り飛ばした警官がムスリム人であろうが関係ないよ。１９４５年以来、警察長官の９０％はセルビア人であり、それはクロアチア人にとって恐怖であった。つまり、警察はセルビア人を代表する組織であったのさ」

私はフラニョに意地悪な質問をぶつけた。

「ならば、ボバンが蹴り飛ばしたのが実はクロアチア人の警官だったらどう思う？」

苦虫を噛み潰した顔でフラニョはこう答えた。

「うーん、それでもボバンを支持しただろうなあ。重要なのはセルビア人の象徴であった警察隊に飛びかかったことさ」

同じくBBBの現役メンバーであるトミが、すかさず横槍を入れてきた。

「ボバンはBBBとクロアチアという我々の国家を守ったのさ。クロアチア人にとっての英雄だよ。しかし今は……」

ん、今は？

「今はすっかり自惚れやがったよ。昔は確かに英雄だったが、金も名誉も得て天狗になっちまった。オレは嫌いだな」

トミの発言にその場に居合わせたBBBの誰もが「そうだ」と頷く。2000年8月9日、チャンピオンズリーグ予備選にてディナモはACミランと対戦。試合前にミラノのドゥオモ広場に集結したBBB150人がイタリア警官隊と大立ち回りを演じる。この事件に際して、ボバンは「BBBはフーリガンだ」とイタリアメディアに口を滑らせたのだ。10年前は共に警官隊と遣り合った同志だったはずが、これを機にボバンとBBBの蜜月は完全に終わった。「1990年5月13日」。この日に起きた事件から「ズヴォニミール・ボバン」という名前が消えるのも、そう遠くない話なのかもしれない。

独立戦争で戦死したBBBの慰霊碑には暴動事件の模様が描かれ、「ディナモのすべてのサポーターにとって戦争は1990年5月13日、マクシミール・スタディオンにて始まった」と刻まれている。

上／インタビュー場所となったカフェの壁に掲げられた、ボバンの飛び蹴り写真。
右／インタビュー時のボバン。当時33歳。電撃的引退から半年後に話を聞いた。

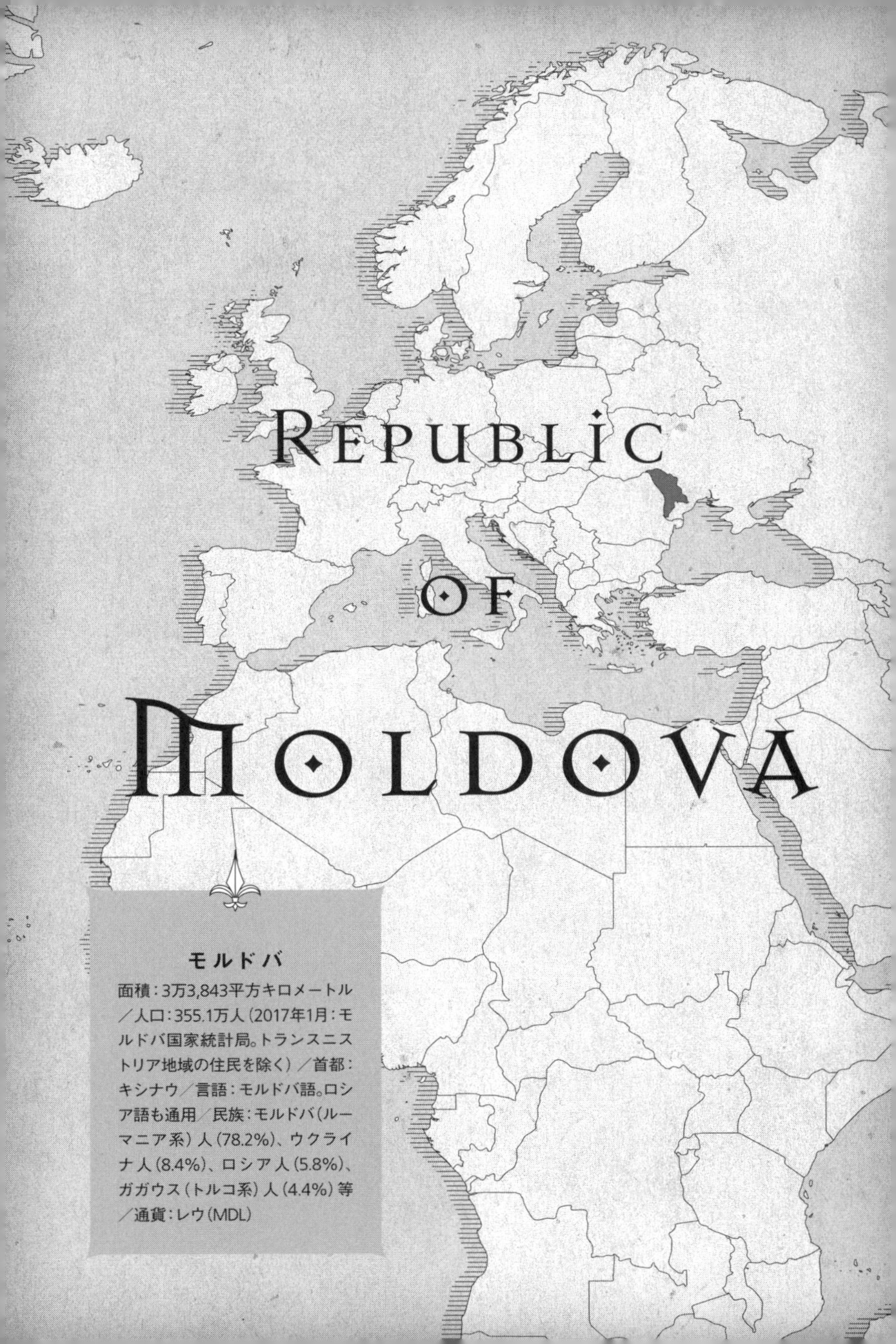

REPUBLIC OF MOLDOVA

モルドバ

面積：3万3,843平方キロメートル／人口：355.1万人（2017年1月：モルドバ国家統計局。トランスニストリア地域の住民を除く）／首都：キシナウ／言語：モルドバ語。ロシア語も通用／民族：モルドバ（ルーマニア系）人（78.2%）、ウクライナ人（8.4%）、ロシア人（5.8%）、ガガウス（トルコ系）人（4.4%）等／通貨：レウ（MDL）

謎の地域、沿ドニエストルへ。２０１０ＣＬ予選・１

チャンピオンズリーグ（ＣＬ）の醍醐味は予選にこそある、と私は常に思っている。１９５５年にチャンピオンズカップとして創設されたＵＥＦＡ主催の大会は、その名の通り、各国リーグの優勝クラブだけで争われるカップ戦だった。テレビ放映権の高騰で莫大な利益が動くにつれ、１９９２／93シーズンからリーグ制が導入。トップクラブによる連合組織「G14」の圧力もあって、１９９７／98シーズンからは門戸が優勝クラブ以外にも広げられた。スター選手を抱えたメガクラブが何度も激突することで、大会そのもののスペクタル性が増したことに毛頭、批判を唱えるつもりはない。しかしながら、持つものと持たざるものがはっきりと分かれ、決勝トーナメントまで勝ち残るクラブ層が収斂されてしまったがために、マンネリ化が生じてしまっているのではないか。１９８５／86シーズンのステアウア・ブカレスト、１９９０／91シーズンのツルヴェナ・ズヴェズダが欧州制覇するようなロマンはもう二度と訪れやしないだろう。

クロアチアの首都ザグレブに住み、ディナモ・ザグレブを追い続けること足かけ10年。昨今の5連覇を含め、ディナモは6度のリーグ優勝を果たし、そこから続くＣＬ挑戦をウォッチしてきた。しかしながら、まだ一度もグループステージ（ＧＳ）に進んだディナモを目にしたことがない。振り返れば、私がディナモを溺愛するきっかけもＣＬ予選だった。銀行員だった１９９７年に休暇を使って初めてザグレブを訪れ、マクシミール・スタディオンでニューカッスル・ユナイテッドとの激闘に立ち会った。数的不利に立たされながらもアディショナルタイムにイゴール・ツヴィタノヴィッチのゴールで同点。しかし、延長戦の終了間際による失点でディナモは予選2回戦で敗退してしまう。悲劇的で破滅的な展開と、あらゆる威信を賭けたクラブやサポーターのエネルギーに私は圧倒されてしまったのだ。

鬼才ロベルト・プロシネチュキを中心とする90年代黄金期のディナモは、その翌年と翌々年にはＣＬのＧＳへ進出。ビッグクラブとの対決はサポーターを熱狂に誘ったが、戦力整備に大量の資金を費やしたばかり、後年はそのツケを払うことになる。２０００年代に入ると予選のクジ運にも恵まれず、ＡＣミラン、ディナモ・キエフ、アーセナル、ヴェルダー・ブレーメン、シャフタール・ドネツク、レッドブル・ザルツブルクら格上のクラブにことごとく予選突破を阻まれてきた。

しかし、そんなディナモも格上の存在になれるステージがある。シード扱いを受けられる早期の予選ラウンドだ。これほど情報が氾濫する時代でも滅多に耳にしない辺境のクラブが、それぞれのリーグ王者の威信を背負ってディナモに挑んでくる。エクラナス（リトアニア／2006年）、ハザル・レンコラン（アゼルバイジャン／2007年）、ドムジャレ（スロベニア／2007・08年）、リンフィールド（北アイルランド／2008年）、ピウニク（アルメニア／2009年）……。ディナモがここ数年で戦ってきたこれらクラブの名を皆さんはご存知だろうか？

2007年夏のディナモはMFルカ・モドリッチ、FWマリオ・マンジュキッチ、MFオグニェン・ヴコイェヴィッチら、クロアチア代表クラスを何人も抱えていた。ブランコ・イヴァンコヴィッチ監督の指導の下、国内リーグで28連勝を重ねるような近年稀に見るほどの実力チームだっただけに、予選1回戦で対戦するハザル・レンコランは軽く一蹴できる相手だと誰もが信じて疑わなかった。しかし、ハザルは堅守速攻でアグレッシブ。アゼルバイジャン代表FWザウル・ラマゾノフのスピードに翻弄され、意外にも試合は延長戦にまでつれ込む大接戦となった（結果は1－1、3－1でディナモが勝利）。

アゼルバイジャンのクラブはオイルマネーで潤う富豪たちの潤沢な資金が投じられ、優れた外国人指導者や外国人選手を連れて来ることで、国内リーグそのもののレベルが向上しつつある（ちなみにハザルのオーナー、ムバリズ・マンシモフ氏は船会社を経営し、米国フォーブス誌では世界富豪ランクの7位になった）。ディナモという一クラブを定点観測しながら、すなわち、見慣れたディナモを物差しにすることで、アゼルバイジャンのサッカーだって決して侮れないと実感できる。そして、見知らぬ国のリーグやクラブにリスペクトと関心を抱くようになってくる。CLの上澄みだけをすくって、「これが欧州クラブシーンだ」などと語る人もいるだろうが、欧州全体のクラブシーンを本当に知ろうとするのならば、やはり予選にこそ興味深いテーマやクラブが隠れていると思うのだ。

まさにフーリガニズムの宣伝カー、BBB

私はザグレブを拠点に取材や情報収集はしているものの、チャンスさえあれば、異国におけるディナモのアウェイマッチに遠征したいと常々望んでいた。予選の抽選結果を知っては、行くべきか行かぬべきか天秤にかけ、模索し、最後は断念し続けてきた。他の仕事やコストの兼合いもあるが、見たことも聞いたこともない土地に1人で向かうのは少しばかりの勇気が必要だ。だからといって、凶悪サポーターとして欧州中に名を馳せるバッド・ブルー・ボーイズ（BBB）と一緒に遠征すれば、あらゆるリスクが伴う。彼らは国外に出た途端にハメを外し、様々なトラブルを起こしてしまうからだ。

２００８年10月、ヨーロッパリーグ（ＥＬ）のスパルタ・プラハ戦。試合前にＢＢＢ数名がピザ屋で食い逃げしたところを通報され、駆けつけた警官隊と市街戦に突入。最終的には３００人以上のＢＢＢが連行される大騒ぎとなり、ザグレブ市長がプラハ市長に謝罪するまでに至った。その２ヶ月後のウディネーゼ戦では、懐柔策としてウディネ市が酒と生ハムでＢＢＢを手厚くもてなしたのにもかかわらず、試合中に発炎筒とロケット花火を次々と放ち、一時中断に。これによりディナモはＵＥＦＡから20万ユーロもの高額罰金を命じられた。翌年10月のＥＬのティミショアラ戦でも、ＢＢＢはルーマニアの街中とスタジアムで破壊行動を起こして１３１人が逮捕。ＵＥＦＡも今回ばかりは、とディナモにホーム２試合の無観客試合という特別制裁を課した。まさに「フーリガニズム」の宣伝カーとして、クロアチアの恥を欧州各地で撒き散らす存在。それがＢＢＢだ。

しかしながら、ＢＢＢの友人達から外国でのポジティブな冒険話を聞かされると、幾ばくかの羨ましさも感じていた。私がクロアチアに滞在する残りの月日もそう多くない。それだけに抽選会ではとっておきのプレゼントがないかと注目していたのだ。

（ちなみにＢＢＢの国内遠征は、２００３年のリエカ戦で参加経験あり。この時もスタジアムの座席を燃やすのを手伝わされ、試合後にはサポーター同士の市街戦となってバスが壊され

るなどハチャメチャな旅だった)

今季(2010/11シーズン)のディナモはCL予選の2回戦から登場。相手はスロベニアのルカ・コペールに決まったが、スロベニアは隣県に足を運ぶようなものなので興味をそそられない。ましてやディナモはホームでの初戦でコペールを5-1の大差で退けている。ならば、注目すべきは3回戦のドローだ。コペールとの第2戦の前となる7月16日に抽選は行われ、相手はシェリフ・ティラスポル(モルドバ)とディナモ・ティラナ(アルバニア)の勝者に決まる。初戦はアウェイ。アルバニアは渡航歴がある一方で、モルドバは未訪問国だ。しかもシェリフはモルドバ国内にある謎の未承認国家、沿ドニエストル共和国にあるという。

「シェリフよ、私にモルドバ訪問のきっかけを作ってくれ!」

スコアの動きをネットでチェックしながら、未知なるクラブの勝利を願った。BBBが既にモルドバ遠征を企画しているのは耳にしていた。バスツアーの価格も600クーナ(約9300円)と手頃。この機会を逃せばモルドバに行くことは生涯ないだろう。天秤はリスク回避よりも遠征参加に傾いた。

しぶとくシェリフは勝ち抜けた。初戦の2-0のアドバンテージを守り、ティラナでは前半に失点しながらも僅差で切り抜けたのだ。しかしながら、ディナモは第2戦のアウェイでコペールに0-3でよもやの敗北。ヴェリミール・ザイエッツ監督がティラナで3回戦の相手を視察したため、指揮をアシスタントコーチに任せたのも仇となった。もしコペールが攻め込んだ終盤にもう1点失っていれば、ディナモはアウェイゴール2倍ルールで敗退の憂き目に遭っており、モルドバ遠征の話など吹っ飛んでいたところだった。

「ディナモ・ザグレブ対シェリフ・ティラスポル」のカードが決まった翌日の7月21日、私はBBBの一つの事務所を訪ねた。「一つの～」と書いたのは、かつては一枚岩だったBBBが分裂状態にあるためだ。2002～03年に「ディナモ・サポーター協会」に会員登録していた私は、2008年に新興の「サポータークラブ　バッド・ブルー・ボーイズ」に転籍。しかし、後者に入会するきっかけとなった古い友人で事務局長のイヴァンが早くに去ってしまったため、今の私は事務所に出入りすることもなく、翌年の会員更新もしなかった。サポーターの間でも世代交替が進んでおり、若い世代は誰に対しても敬意を払わないどころか、見た目からも明らかな外国人の私を敵視するか、距離を置こうとする。それこそ昔は、BBBの誰もが私を友人として迎え入れてくれたものだ。この数年だけでも隔世の感がある。「サポータークラブ　バッド・ブルー・ボーイズ」の事務所に入った途端、いきなり周囲から浴びる視線が冷たい。ディナモ・サポーター協会から転籍した旧知のメンバーもそこには誰一人いなかった。

「モルドバ遠征に興味があるんだけど……」

しかし、カウンターの若者は無愛想に応対する。

「クロアチア人以外に〝日本人〟もその遠征に参加できるのか？」

突拍子な聞き方が良かったせいか、彼の頬が少し緩んだ。

「ああ、もちろんＯＫさ。しかし、まだバスツアー催行の最小人数には達してないんだ。前金として２００クーナ（約３３００円）が必要だけど、もしツアーがおじゃんになった場合、バス会社に払うキャンセル料もあるのでその２００クーナは没収するよ。ビザ取得の面倒もあって、参加をためらっているサポーターもまだいる。催行するかどうかは流動的だけど、はっきりしたら連絡するよ」

日本人は２００７年1月1日から、90日までの滞在に限ってモルドバ入国のビザは不要だ。しかし、クロアチア人にはビザが必要なため、ウィーンかブダペストのモルドバ大使館で取得せねばならない。サポータークラブが代理取得してくれるものの、ビザの価格は65ドルと決して安い額ではなかった（結局は団体取得で30ドルに減額された模様）。

「ところで、沿ドニエストルの入国はどうするの？」

これは野暮な質問だった。

「とにかく行けば、何とかなるだろうよ」

無鉄砲ながらも、このポジティブさに頼っていいんじゃないか。翌日には彼から携帯メールで、「催行が決まった。残金を払いに事務所まで来てくれ」と連絡が届いた。400クーナを握り締めて事務所を訪れると、試合が当初予定の7月27日から翌28日にずれ込み、出発は26日の夜だと伝えられる。最終的な集合場所や時間は追々伝えるよ、とのことだった。さほど時間が残されていない中、モルドバ、沿ドニエストル、そしてシェリフ・ティラスポルに関して情報収集を続けることにした。

独立後のモルドバ、国情そしてサッカー事情はいかに

モルドバは、かつてのソ連を構成していた15共和国の一つだった。ルーマニアとウクライナに囲まれ、海とも接することのないモルドバは資源に乏しく、「欧州最貧国」のレッテルを貼られている。2009年の1人当たりGDPは1500ドル余り。目立った産業はワイン製造ぐらいだが、親欧米寄りの現政権に政治的圧力をかけるべく、大口輸出先のロシアが残留農薬を建前にモルドバからの輸入制限を続けているという。

ソ連時代よりも過去に歴史を遡れば、モルドバという国は14世紀にルーマニア人によって建国されたモルダビア公国に起源を発する。オスマン帝国の緩い支配を経たのち、ベッサラビア

と呼ばれた今の国土にほぼ近い土地は、19世紀以降にロシア（のちソ連）とルーマニアの間で奪い合いが繰り返された。最終的に「モルダビア・ソビエト社会主義共和国」としてソ連を構成することになり、第二次大戦後は徹底的なロシア化が進められていった。だが、１９９１年のソ連崩壊後に「モルドバ共和国」として独立するや、一転してルーマニア化に傾倒していくのは当然の成り行きだった。なぜならば、モルドバ人はルーマニア人の一部であり、モルドバ語もルーマニア語の方言だからだ（国名もロシア語のモルダビアから、ルーマニア語のモルドバに改名。ただし、ルーマニアとの併合は頑なに現政府が拒否している）。しかしながら、この国は爆弾ともいうべき民族問題を抱えている。ロシア人やウクライナ人といったスラブ系が中心となる「沿ドニエストル共和国」（トランスニストリア）の存在である。モルドバの東端に位置し、分離独立を求めるこの国家内国家は、後ろ盾となるロシアも含めた国連加盟国のいずれもが承認しない謎多き国だ。

クロアチアとモルドバの現代史は実に似通っている。ユーゴ崩壊によって独立機運が高まった際、国内少数派のセルビア人が蜂起し、「クライナ・セルビア人自治州」としての分離を宣言としての分離を宣言した（クロアチア国内のセルビア人は、17～18世紀にハプスブルク帝国がオスマン帝国からの防衛のため入植させたことに由来）。１９９１年にクロアチアが独立宣言すると、ユーゴ連邦軍の支援を受けて国家内国家として独立を図るセルビア人勢力とクロアチア軍の間で戦争が繰り広げられた。1995年8月5日のクロアチア軍によるセルビア人勢力一掃作戦によって、国際承認のない「クライナ・セルビア人共和国」は消滅。全土がクロアチアの領土になったわけだが、モルドバの場合はその戦力差から全く異なる結末を迎えていた。

モルドバ東部を流れるドニエストル川の東岸の土地「トランスニストリア」にスラブ系が本格的に入植したのは、1792年にロシア帝国の一部になってから。1918年にはウクライナが領有し、ソ連誕生から2年後の1924年にはウクライナの自治州になる。そして、1939年の独ソ不可侵条約を盾にルーマニアからベッサラビアを奪い取ったスターリンは、主要民族が異なるトランスニストリアをベッサラビアに加えることで、前述のモルダビア・ソビエト社会主義共和国を作り出した。これが今日まで残る民族問題の火種だ。

ソ連崩壊が近づき、モルドバ人による民族意識の高まりに反発したトランスニストリアのスラブ系は、イーゴリ・スミルノフを国家元首として1990年9月2日、「沿ドニエストル共和国」として独立を宣言。その前後からモルドバ本国との衝突が始まり、1992年には本格的な戦争に突入する。ルーマニアの支援を得たところでも貧弱な軍力だったモルドバに対し、ソ連時代から駐屯するロシア軍をバックにした沿ドニエストルが戦争に勝利し、最終的にはドニエストル川西岸の都市ベンデルにまで領土を広げた。停戦後も沿ドニエストルにモルドバ政府の影響が及ぶことはなく、国際的に未承認であろうとも、〝建国の父〟スミルノフ大統領の指導の下で生き続けている。同時に沿ドニエストルは武器密輸や麻薬密輸、人身売買の温床とも噂され、その利益をマネーロンダリングしているのでは、と世界から疑われているのだ。

沿ドニエストル政府の公式サイトによると国民55万5000人の民族比率は、ロシア・ウクライナのスラブ系が58%、モルドバ・ルーマニア系が33%。少数民族も併せれば35民族が共存する「寛容と平和の国」と自称している。この国に住むモルドバ・ルーマニア系ですらモルドバからの独立を望み、沿ドニエストル国民としてのアイデンティティを持っているというのだ。ソ連の残骸とも呼べる国にもかかわらず、公式サイトでは「この国はアメリカのような人種のるつぼ」と述べられている。

そんな複雑な政情を抱える沿ドニエストルでも奇奇怪怪な存在なのが、サッカークラブ「シェリフ・ティラスポル」だ。1990年代初頭に2人の元KGBメンバーが起業した「シェリフ」は、沿ドニエストル経済をほぼ独占する一大コンツェルン。テレビ、通信、出版、広告、ガソリンスタンド、ベンツのディーラー、スーパーマーケット、アルコール製造（クヴィント社は旧ソ連で一、二を争うコニャックを製造）、パン屋など何でもござれ。スミルノフ大統領の息子が経営者の1人であると聞けば、あらゆる利権が絡んでいることは想像できよう。冗談のようだが、「シェリフ」（Ｓｈｅｒｉｆｆ）とは「保安官」という意味だ。しかし、この国の暗部を取り締まる保安官などいるようには思えない。

そのシェリフ・コンツェルンは１９９７年、モルドバ２部のクラブ「ティラス」を買収し、「シェリフ・ティラスポル」と改名することで新たなサッカークラブを創設した。アゼルバイジャン代表の指導歴もあるアフマド・アラスガロフを監督に迎え、翌年にはモルドバ１部に昇格する。１９９９年には国内カップを制して早くもタイトルホルダーに。２０００／01シーズンにライバルのジンブル・キシナウを振り切ってリーグ初優勝を飾ると、その後は潤沢な資金と戦力にモノをいわせて実にリーグ10連覇。国内カップも7回にわたって優勝し、旧ソ連のリーグ優勝国で争われる「ＣＩＳカップ」も２００３年と２００９年に制覇した。

シェリフで特筆すべきは２００９／10シーズンにおける欧州カップでの活躍だ。ＣＬ予選3回戦でチェコの名門スラヴィア・プラハを倒してプレーオフに進出。オリンピアコスに敗れたものの、ＥＬのＧＳに回ってステアウア、フェネルバフチェ、トゥエンテと対戦。とりわけトゥエンテとの一戦は欧州中を驚かせた。スティーブ・マクラーレン監督に率いられたトゥエンテは、ティラスポルに訪れるまで17戦負けなし。そのシーズンにトゥエンテはエールディビジ初優勝を飾るわけだが、ブライアン・ルイス、ブレイズ・ヌクフォ、ミロスラフ・ストフの強力3トップを要するトゥエンテ相手にシェリフは互角以上を戦いを演じ、ＭＦウィルフリード・バリマとＦＷフランサのゴールで２－０と勝利した。ルーマニアの強豪ステアウアとの因縁マッチは、２試合ともドローに持ち込むことに成功。決勝トーナメント進出までは至らなかったが、堂々の勝点５で３位にてフィニッシュした。

シェリフがモルドバリーグで戦う理由

若くて野心のある外国人を獲得し、旧ソ連の伝統に基づいて徹底的に鍛え上げるのがシェリフのスタイルだ。６年間チームを率いたベラルーシ人監督のレオニド・クーチュク監督のあとを引き継ぎ、アシスタントのベラルーシ人コーチ、アンドレイ・ソニツキが今季から監督に昇格。選手の国籍は旧ユーゴからセルビア（３人）、モンテネグロ（３人）、ボスニア、スロベニアの計８人、アフリカからブルキナファソ（２人）とセネガルの計３人、ブラジルから４人、そしてロシア、ウクライナ、ブルガリアから１人ずつと実に多彩。今季にボスニアのボラッ・バニャルカから移籍したＤＦオグニェン・ヴラニェシュは、ディナモとの対戦が決まったのち、クロアチア紙のインタビューにこう語った。

「毎日、インターネットでクロアチアの新聞も読んでいるよ。チームメイトやフロントからはディナモ側がどんなことを言っているか訳してくれと頼まれているんだ。シェリフを過小評価し、絶対に勝利するなんて高慢なコメントばかり出てるから皆が怒っているさ。それだけにうちらのモチベーションは高いんだ。僕たちは本当に強いチームだし、団結力もある。ティラスポルの街はどうかって？　そりゃ最悪さ（苦笑）。でも、シェリフほどの複合施設が欧州でほかにもあるかどうかは疑わしいね。1万3000人収容のメインスタジアムは最新鋭のもの。その横には3500人収容で人口芝が敷かれた全天候型サッカー場がある。クオリティの高い練習用グラウンドも8面あるんだ（うち4面が天然芝）。レアル・マドリードだって、ここを見たら己の施設は恥だと思うよ！」

2000年8月からティラスポル西部に建設が始まり、2002年に完成したサッカー専用のメインスタジアムは、UEFAの視察団が「最高級」の評価を下している。全スタンドが屋根で覆われ、芝の下には秋冬でもプレーできるようヒーティングシステムを完備。完成後にはFIFAのゼップ・ブラッター会長も訪れ、人口16万人ほどの小規模都市には見合わない豪華絢爛なスタジアムに驚かされたという。40ヘクタールの敷地には8000人収容の陸上競技場のほか、体育館、子供向けのサッカーカレッジ、駐車場、シェリフ直営の自動車のショールームやガソリンスタンドも併設。更に五つ星のホテルやショッピングセンターも建設中だという。

この一大スポーツ施設の建設には欧州のあらゆる技術が結集され、総額2億ドルもの総工費が投じられたそうだ。戦前から沿ドニエストルはモルドバ本国以上に恵まれた工業地域だといわれるが、一人当たりのGDPは2005年の政府発表で年間266ドルしかない。シェリフ・コンツェルン、その背後を支えるスミルノフ大統領がどこから大金をもたらしているかは闇の中だ。とはいえ、シェリフ躍進の陰にはスミルノフ大統領のこんな野望があると聞く。「シェリフ・ティラスポルの知名度が上がれば、沿ドニエストルの知名度も上がる。そうやって我が国家の国際承認を勝ち取るのだ！」

モルドバから独立を目指す国のクラブが、なぜモルドバリーグに留まるのか。そんな率直な疑問が生じてくるのは当然だろう。沿ドニエストルが国際承認を受けていない以上、モルドバリーグに参加しなくてはCLやELといった国際舞台にも出場できないからだ、と考えれば頷ける。私はトルコ人が占める北キプロス・トルコ共和国を訪れたことがある。北キプロスリーグは存在するものの国家そのものが国際承認されてないため、どう頑張ったところでも国内クラブは欧州カップに参加できず、結局のところ、北キプロスの国民はトルコ本国のクラブを応援している。またボスニア・ヘルツェゴビナ国内にはスルプスカ（セルビア人）共和国があるが、3民族の統一リーグに参加するまでスルプスカのクラブは欧州カップから締め出しを食らっていた。ならば、モルドバ政府の姿勢はどうか。ヴィクトル・オシポフ副首相はこう語る。

「スポーツがモルドバ統合の一分野になれば良いと思っている。モルドバリーグに沿ドニエストルのクラブが加わったところでも衝突はなく、ルールに対して敬意を払うならば障壁も存在しないんだ」

事実、モルドバ本国のクラブのサポーターと沿ドニエストルのクラブのサポーターは不仲とはいえ、深刻な暴動には至ってない。また、シェリフ対FCティラスポルの「ティラスポル・ダービー」では両サポーターが沿ドニエストル独立にまつわる横断幕を掲げる一方で、モルドバ代表マッチでシェリフ・スタジアムが使用された場合は沿ドニエストル秘密警察がモルドバ国歌を演奏し、ポールにはモルドバの国旗が翻るそうだ。スミルノフ大統領は当初、モルドバ代表がシェリフ・スタジアムで試合を行うのを禁じたようだが、国際的に自分の国を知らしめるのならば、と開催を認めたという。

シェリフというクラブを知れば知るほど、この目で確かめてみたい好奇心が湧き出てくる。しかし、アウェイ遠征には大きな壁が立ちはだかった。沿ドニエストルに入国できるかどうか、という根本的な問題だ。「沿ドニエストル」「賄賂」のキーワードでネット検索をすれば、あらゆるエピソードが出てくる。つまり、外国人が入国する際、国境警備員が公然と賄賂を要求してくるというのだ。また、前年はオリンピアコスとトゥエンテのサポーターグループが入国を認められずに国境で追い返されたと聞く。モルドバ政府にとっても沿ドニエストルはアンタッチャブルなため、アウェイサポーターの入国・観戦を勧めていない。

ちなみにFIFAからもUEFAからもお墨付きをもらったシェリフ・スタジアムが初めてモルドバ代表の試合で使われたのは、EURO予選の対オランダ戦（2003年4月3日）。首都キシナウでの試合開催をモルドバ政府は働きかけたものの、欧州安全保障協力機構（OSCE）の当時の議長がモルドバ和平を進めるオランダ外相ヤープ・デ・ホープ・スヘッフェルだったため、スヘッフェルの仲介の下で両国の大統領を引き合わるべくサッカーが政治的に利用された。その際、スミルノフ大統領は再三にわたって、モルドバのウラディミール・ヴォロニン大統領の入国観戦を拒否したと聞く。また、ELでステアウアとシェリフが対戦した時は、モルドバ政府がルーマニアからのアウェイサポーターに注意を喚起。それでも応援にやってきたステアウア・サポーターはスタジアム内でボトルを投げつけられ、使用したミニバスも損害を受けたとも聞く。

どんな不安や危険があろうとも、これからティラスポルに向かう野郎達。正確には「私をティラスポルに連れてって」くれる案内人は、数々の修羅場をくぐってきたBBBだ。

「火星で試合があろうとも俺たちは火星に行くぜ」

かつて熱狂的なＢＢＢだった友人フラニョの台詞が、消極的になりがちな私を後押しする。ＢＢＢほどの凶悪サポーターならば、たとえ沿ドニエストルが凶悪国家であっても毒をもって毒を制してくれるだろう。クロアチアを出発し、ハンガリー、ルーマニア、モルドバを越えての往復３０００㎞の大遠征。待ち構えていたのは、予想以上のハードな移動と幾多のハプニングだった。

シェリフのサポーターが行進する道路には、沿ドニエストル共和国の国章の看板が。
ソ連時代の「モルダビア・ソビエト社会主義共和国」の国章と酷似している。

ティラスポルの街中には、ロシアのメドヴェージェフ大統領と握手するスミルノフ大統領の看板が掲げられていた。

謎の地域、沿ドニエストルへ。2010CL予選・2

「21時にサポータークラブへ来い」

サポータークラブ・バッド・ブルー・ボーイズ（BBB）の受付係の若者から携帯メールが届いたのは、20時をとうに過ぎた頃だった。彼は「集合場所と集合時間が決まったら連絡する」と約束していたのに出発当日になっても返事はなし。痺れを切らして催促を何度しても「まだ決まってない」の一点張りだった。そして「出発は深夜になるだろう」とも言っていたはず。しかし、初っ端から彼らに振り回されることでうろたえてはいけない。何が起こるか予想できない遠征の始まりなのだから。これから4日間は使えないだろうシャワーを浴び、着替えと少しの食料を詰めたバッグを背にして自宅を飛び出した。

15分遅れてサポータークラブに到着すると、集まっていたBBBはまだ10人程度だった。申し込みにここへ訪れた5日前と同様、事務所内は私が知らない若いBBBばかり。「なんだ、コイツ？」と冷たい視線が突き刺さる。受付係の彼に話を聞くと、今回はバスを出せるほどの人数が集まらず、30人ほどが4台のバンに分乗してモルドバを目指すとのこと。より密室な空間で、こんな若造達と何日も過ごすのは辛すぎるのでは……。

このサポータークラブには久しく親しくさせてもらっている間柄の伝説的人物がいる。フラニョ・クラカンさん。ディナモやクロアチア代表のアウェイ遠征となると、必ずや参加する79歳の最高齢サポーターだ。幾ら威勢を張るBBBの若造だろうが、小柄で物静かなフラニョさんを〝deda〟(爺さん)と呼び、特別な敬意を払う。フラニョ爺さんと一緒ならば話題も尽きないし、失礼な若造との間でも問題は起きないだろう。しかし、残念なことにフラニョさんは家族が病気のために遠征を断念。旧知のリーダー、トミスラフ・グルシッチさえも仕事のために行かないという。

サポータークラブの端っこで一人寂しく立っていると、聞き覚えのあるダミ声が突如飛んできた。

「ユキ! オー、久しぶり。お前も遠征に行くのか? ならば、俺と一緒の車だな!」

ヴィエコスラフ・シュテファン、通称「オッカツ」。私がクロアチアに移住して間もない頃、田舎町の試合観戦を通して知り合った元サッカー選手だ。かつてはディナモユースで将来を有望視されたストライカーだったが、18歳の時に左足首の大怪我を負ってディナモを退団。その後遺症で選手としては大成できず、当時のオッカツはビール腹を抱えながら5部リーグのクラブでプレーしていた。ディナモとの親善試合やローカルダービーで現役最後の勇姿を見届け、酒を酌み交わしてから早9年。会った当初から「ユキは日本で女性の名前だから違う愛称にしてよ」と幾ら頼んでも、人の意見は一切聞き入れない性格の持ち主だ。紆余曲折の人生を送った彼も、今ではすっかりサポーターの中心人物に変貌していた。突拍子のない発言や想定外の行動は30代になろうと変わりやしない。その昔、アルペンスキーの女王ヤニツァ・コステリッチを応援しようと、2人で隣国スロベニアに行ったことがある。彼のドライブで行くと思いきや、高速道路の入口で停まり、「この先は2人でヒッチハイクだ」と言い出した（ちなみに彼の車は、同乗した母親が乗って帰った）。同じく応援に向かう車を拾って会場には着いたものの、泥酔した彼はいつの間にか姿を消し、私1人を置いてきぼりにしてしまう。あの時はすがるような気持ちで乗車可能な団体専用バスを探し回り、かろうじて帰宅できたのだが、再びオッカツの誘いを聞くと、あの無責任な旅をフラッシュバックのように想い出す。しかしながら、こうも知らないBBBが多くては、不安を感じようとも彼を頼りにしなくてはならない。仕切り屋のオッカツは次々と同乗メンバーをスカウトしていく。8人は揃った。「残る1席はトミのものだ」と語るオッカツ。トミと名乗るサポーターは何人もいるが、もしやあのトミか？

「おー、ヤスユキ！　元気だったか！」

妻の運転する車で遅れてやってきた「トミ」ことトミスラフ・ユリッチは、私の古い友人でもあるBBBの中心メンバーだ（本書前章までに登場）。2000年にスロバキアで開催されたU－21欧州選手権で知り合い、2年後にばったり再会したのがきっかけで私もBBBに入会。トミを含む当時のメンバーとは深い交流を重ねたものだ。トミは友人思いの優しい性格ながら、人一倍感情的なため、過去に何度も警官隊や相手サポーターとの暴力事件を引き起こした。スタジアム入場が2年間禁止となり、日韓ワールドカップ（W杯）ではブラックリストに掲載されていたことで、日本では入国拒否扱いとなった（日本では報道されなかったが、トミを含む5人のクロアチア人が関西空港で入国を拒否され、さらに1人も友情から帰国を決意。いずれもが私と親しいBBBだった）。そんなトミも今や2児のパパ。仕事を始め、結婚をし、子供が産まれ、家族を養うようになると、スタジアムからは次第に足が遠のき、BBBを卒業していく。そんな彼らを〝年金生活者〟と揶揄し、私が親しかった世代の多くが〝年金生活〟を送っているわけだが、熱血サポーターのトミにはそんな考えが更々ない。夏のバカンスシーズンを青く美しいアドリア海で家族と過ごすのではなく、貴重な有給休暇をこのモルドバ遠征に当ててきたのだ。そんな彼がいるならば、私も寂しくはならないだろう。BBBの元メンバーだった妻マリーナは心配そうにトミを見つめ、別れ際にキスしてこう約束する。

「お願いだから、向こうでは冷静に振る舞ってね」

ザグレブからキシナウまで1400kmのハードな旅

22時半を過ぎた頃、一番早くにパーティが揃った我々の車両が最初に出発。車種はフォルクスワーゲン社のバン「T5」。350ユーロほどで借りたレンタカーで、定員いっぱいの9人で乗車する。私は最前列の中央、運転手のマリオとオッカツに挟まれながら窮屈に座った。オッカツはタバコを吸いながらハイテンションで喋りかけてくる。

「ユキ、モルドバの売春事情を知っているか？　可愛い娘がうじゃうじゃしているらしいぜ。お前も女を探しに行くか？」

「僕は既婚者だぜ。ましてや近々、結婚1周年だ。とてもじゃないけど遠慮するよ」とやんわり断るも、オッカツはこう畳みかける。

「おうおう、ならばバチェラー・パーティー（〝独身最後の夜〟として同性だけで騒ぐ儀式）の再現と行こうじゃないか。キシナウの夜は派手にやろうぜ！」

てっきり私は2日後の試合日に合わせてティラスポル前泊を目指すものだと思っていたら、明日の夜はモルドバの首都キシナウで1泊するという。そして試合当日、最難関になるだろう沿ドニエストルとの国境を越え、ティラスポルを目指すことが判明した。行き当たりばったりの彼らだ。当然のようにキシナウの宿は予約していない。また、ザグレブからキシナウまでの距離は1400km近くもある。クロアチアを発ち、ハンガリー、ルーマニアを越えてモルドバに至る長旅だが、彼らはカーナビなど使用せず、パソコンでルート検索した地図をプリントした紙だけを頼りにする。最後の最後には本能に頼るところも出てくるだろう。高速道路に入り、1時間半もすればクロアチアとハンガリーの国境に到着。オッカツはどこの国の警察が相手だろうと「俺たちゃディナモのサポーターだ。今から応援でモルドバに行くんだぜ」とアピールを繰り返す。BBBが危険な存在だと承知しているはずのクロアチア警察も、すんなりと出国を認可した。ここからが〝ヨーロッパ〟だ。中東欧では比較的発展したほうのクロアチアは、戦犯引渡しの遅れやスロベニアの妨害によってEU加盟が遅れており、既存の加盟国を皮肉って「ヨーロッパ」と表現することがある。その一方で、粗野なイメージが付きまとう「バルカン」という言葉を嫌い、自分達がバルカン国家のカテゴリーに入れられることにコンプレックスを抱いている。しかしながら、BBBの粗野っぷりは既にバルカン云々のイメージを超越した存在だ。車内では運転手を除くBBBの連中がビールをあおり、ディナモのサポーターソングを歌い始める。そして過去のアウェイ遠征の想い出を語り合うのだ。

「去年のティミショアラの暴動は俺たちゃ悪くないぜ。ルーマニア人の奴らがセルビアをネタにうちらを挑発してきたんだ。ちょっと派手にやっちまったけどな」

「エストニア遠征の時はな、帰路の国境でエストニア警察と喧嘩した馬鹿がいて、警察が俺達全員を南のラトビアに出国させないと言うんだよ。ロシア経由で帰るなんて勘弁だから、俺がそいつの代わりに謝り込んだものさ」

「キエフでは試合前日、あるサポーターがカフェで騒動を起こして強制出国となったんだけど、団体ビザだったから全員が強制出国するはめになって。でも、手ぶらで帰るのは馬鹿馬鹿しいからハンガリーに寄って、MTKブダペストと戦うグラスゴー・セルティックを応援した（クロアチア人は同じカトリックのアイルランド系に強いシンパシーを抱いているため。セルティックはスコットランドのクラブだが、アイルランド系が創設）。セルティックのサポーターにはビールを奢ってもらったし、スタジアムにはノーチケットで塀を乗り越えて入ったさ」

ディナモのサポーターソングの一つに〝DINAMO JA VOLIM〟（好きだぜ、ディナモ）というものがある。初代大統領フラニョ・トゥジマンが、「ディナモ」という言葉は共産主義を思わせるということで使用を禁じた際（よって彼の生前には「クロアチア・ザグレブ」等に改名させられた）、「ディナモ」に対する愛情を込めて作られたサポーターソングだ。「歌も作った。バラの花も積んだ。オレの青春は全部捧げた～」で始まるロック調の歌詞は、こうサビを繰り返す。

「そうさ、神様だってご存知の聖なる名、聖なる名ディナモ。一緒に天国、一緒に地獄、バッド・ブルー・ボーイズとディナモ！」

北はノルウェーから南はギリシャまで。西はポルトガルから東はアゼルバイジャンまで。イスラエルも含めたヨーロッパの津々浦々をBBBは渡り歩いてきた。飛行機も利用するが、基本は陸路。決して裕福じゃない彼らは、なけなしの財産を使い込み、人から借金してまでアウェイ遠征に情熱を注ぎ込む。冬だろうとディナモの刺青を入れた肉体をさらけ出し、冷たいビールを浴びるように飲みながらディナモへの愛を表現する。彼らの想い出を聞くと、遠征こそがディナモへの愛情を最も具体化させた青春であり、そこで誕生する〝武勇伝〟は生涯に刻まれるサポーター人生の証しなのかな、と思ったりもする。しかしながら、彼らのあらゆる悪行でクラブは何度もＵＥＦＡから制裁を受けてきた。クラブが多額の罰金を強いられたところで、サポーターは自分の懐が痛まないので反省の心はない。歌詞の通り、ディナモも一緒に地獄に誘い込むのだ。


「ユキ、お前もビールを飲め！」

クロアチアで買い込んだビールは底を突き、ハンガリーのガソリンスタンドで購入したビールが手渡される。車が走るごとにガソリンを消費するように、ＢＢＢもビールを消費していく。ブダペスト近くで運転手はイヴォに代わり、バンは深夜のハンガリーを東に向かって走り抜け、同国第2の都市デブレチェンに到着。地名が入った看板にディナモのマフラーを掲げ、彼らは記念写真を撮り始めた。ディナモの宿命のライバル、ハイドゥク・スプリトが2005年、CL予選2回戦でデブレチェンと対戦。トータルスコア8－0でハイドゥクをぶっ倒してくれたことで、デブレチェンに特別なシンパシーを抱いているためだ。よりによって、ハイドゥクは「シェリフ対ディナモ」の翌日にルーマニアでディナモ・ブカレストと対戦する。アウェイ観戦がUEFA制裁で禁止されたはずのハイドゥク・サポーター「トルツィダ」も500人遠征する、との情報が入ってきた。

「モルドバからの帰りにブカレストに寄って、トルツィダを征伐してやろうぜ！」

あるBBBからはそんな過激な意見も飛び出した。キシナウからブカレストまでは南に470㎞。トルツィダが取ったルートは、ボスニア、セルビアを抜けてのルーマニア入国だったため、幸運にもニアミスすら実現しなかったわけだが……。

朝6時前に我々はルーマニアに入国。最初のガソリンスタンドに飛び込むと、BBBはまたしてもビールを買い込んだ。ルーマニア産ビール「ウルスス」の缶ラベルには、ルーマニアが活躍したアメリカW杯での勝利を喜ぶサポーターのイラストが描かれている。それをグビグビと飲みながらルーマニア国内を東へと突き抜ける。ルーマニアの道路の舗装は悪く、天気も雨。今でも農村では馬車が一般的に使われているため、追い越し運転も楽じゃない。オラデア、クルージ・ナポカといった都市を抜けたところで、ビールを補給しようと彼らは小さな町の商店になだれ込んだ。大量にビールを持ち帰ってきた1人がこう語る。

「女性の店員は英語が通じないし、ルーマニアの通貨（レウ）しか受け付けないと言う。でも現地通貨なんかないから、ユーロやドルの小額紙幣を押し付けてきたよ。レートが分からない店員も混乱していたようだし、実際に払った以上にビールを手にしたんだじゃないかな」

単純に計算しても、払った額の倍近いビールが持ち込まれた。鬼畜……。お前も飲め、とビール瓶を手渡されたものの、ルーマニア人の店員を思うと私は気が進まなかった。飲み干した瓶や缶が床に散乱するため、車内はやたらとビール臭い。どこまで彼らは飲むというのか？

大量のアルコール、時間のかかる検問、不快な寝床

ルーマニア国内を走り続けて6時間半、休憩がてらカルパチア山中のドライブインに入る。昼食タイムということで周囲は食事をしているというのに、我々の注文はアルコールだけだ。食事に関していえば、ＢＢＢは（概してクロアチア人は）実にドメスティックで、道中にクロアチアから持ち込んだサンドイッチばかりパクついている。私はルーマニア料理を食した

かったものの、注文の音頭を取るオッカツがそれを許さない。ブロークンな英語で彼は若いウェイトレスに注文する。

「ウォッカをくれ！　あとスプライトとファンタ！」

ウォッカの入ったグラスが何杯も持ち込まれるが、一口飲むだけで酷い酒だと分かった。これに彼らはスプライトかファンタで割って飲むのだ。オッカツは全く懐を痛めることなく、若いダミールとボリスに金を出させる。余った5ドルは、我が物顔のオッカツがチップとしてウェイトレスのポケットに押し込むのだ。

「ほらユキ、飲め！」

メンバーの半分が手をつけないようなアルコールを飲んだのが運の尽き。私とダミール、ボリスはバンの後部座席でぐったり。そしてペットボトルに移したウォッカのスプライト割りは、ルーマニアの農道にボトルごと捨てられることになった。

ルーマニアとモルドバの国境、スクレニに到着したのは19時頃。オッカツはルーマニア側の国境警備員にディナモの応援でここまで来たことをアピールすると、ついさっき後発のBBBの車両が通過したことを知らされる。

「シェリフとの試合では貴方達の幸運を祈るわ！」

沿ドニエストルの存在を好ましく思ってないかどうかは不明だが、ルーマニア婦警にはそう優しく送り出され、ボーダー上の橋を越えるといよいよモルドバの国境検問所。しかし、ここからが長かった。レンタカー証明の提示を含めて警察の手続がやたらと遅い。おまけに川沿いの森に囲まれた検問所のため、ドアを開ければヤブ蚊が襲ってくる。とうに1時間は待たされ、全員の入国手続が完了した頃はどっぷりと陽も暮れてしまった。最初に目指すはガソリンスタンド。目的はもちろんモルドバ産のビールだ。オッカツは「モルドバのビールは1本2〜3クーナ（約32円〜48円）と格安らしいぜ」と豪語していたが、実勢価格はその倍だった。それでも充分安いのだが（ちなみにクロアチアは500ミリ缶が120円ほど）、ビールを浴びるほど飲みたいBBBには不満だったようだ。

ルーマニア以上に舗装状態の悪いモルドバの山道をヘッドライトを頼りに走っていく。国境のスクレニからキシナウまでは距離にして160㎞。運転手を務めたイヴォはブダペストからノンストップで運転し続けている。疲れは誰もがピークに達しており、言葉数は少なくなっていった。3時間近くかけて、ようやくキシナウの中心街に到着。サポータークラブがあらかじめ調べていた1泊8ユーロほどのユースホステルの住所をタクシー運転手に見せ、そのタクシーを先導させて直行する。しかし、その住所にはホステルなど存在しなかった。ブチ切れたBBBはタクシー運転手に「どこか手頃なホテルに連れてってくれ」と依頼。着いた先がホテル・キシナウだった。ツインで1泊600レウ、つまり1人につき300レウ（約2150円）。予想を越える出費となるが、時計は既に0時近い。

「もう俺はここに泊るぜ。ユキ、同じ部屋にするか？」

そう私に尋ねるオッカツを前に曇らせた顔を見せると、もういいさ、と他のメンバーを当たってしまった。選択肢はここしかないわけだし、と私も宿泊を決めると、同じパーティのディノが一緒に泊ろうと声をかけてくれた。穏健な彼なら安心だ。近くのスーパーマーケットで両替を済ませ、先払いの宿代を払って部屋へ。ホテルの外観はクラシックだが、部屋の内部はかなり酷いものだった。温かいシャワーが浴びられる時間も朝と夜の各2時間のみ。ベッドは硬くて小さく、枕は重くて大きかったが、アルコール漬けのドライブから逃れ、横になれるだけで嬉しかった。

ほとんどのBBBがこのホテル・キシナウに泊まっているらしく、深夜にもかかわらずホテルの外では一部のサポーターが酒盛りを続けていた。一つの部屋を借りて何人も潜り込むのが彼らの常套手段だが、このホテルは各階に見張り番を常駐させており、そんな不正を許さない。よって、宿代を節約する若いサポーターは徹夜で酒盛りをするか、車内で仮眠を取っている。

スーパーマーケットが24時間経営だったのも彼らの助けとなった。ベッドでうつらうつらしていた3時頃、廊下で不機嫌そうなオッカツの声が聞こえる。チェックイン後、女を探しにクラブへ直行したが、どうも失敗したようだな……。翌日になってダミールから聞いた話だが、スーパーマーケット前でモルドバ警官に「女を紹介するぞ」と声をかけられ、携帯電話に保存した売春婦の写真を何枚も見せてくれたらしい。その警官は続けて、「コカインは無理だが、マリファナならば手に入れることは可能だぞ」と薦めてきたそうだ。旧ソ連の警察はどこも腐敗していると聞くが、欧州最貧国のモルドバもその例に漏れることはない。しかし、そんな魔の手とは無縁の私は、ルーマニアで飲んだウォッカによる頭痛と戦いながら、不快なベッドの中で眠り続けるのであった。

謎の地域、沿ドニエストルへ。2010CL予選・3

いよいよ、決戦の日がやってきた。ディナモのCL予選突破にリーチを懸ける決戦でもあれば、我々が沿ドニエストルに到達できるかの決戦でもある。モルドバの首都キシナウから国境までは残り60㎞。沿ドニエストルの首都ティラスポルまでは75㎞。昨日まで1400㎞以上の距離を走破したことを考えれば、今の我々はリーチ状態ともいえる。不快なベッドで眠りの浅い私は朝8時には目が覚めた。ところで、我々は何時にホテル・キシナウをチェックアウトし、何時にティラスポルに向けて出発するんだ？　ベッドが小さすぎるがため床に眠っていたディノも、正確な出発時間は知らないと言う。このアバウトさ、行き当たりばったりさがクロアチア人の特徴である。水の出が悪いシャワーを浴びてから、とりあえずキシナウの街を1人散策することに決めた。

欧州最貧国のレッテルを貼られるモルドバだが、首都キシナウはよく整備された街だ。目抜き通りのシュテファン・チェル・マレ大通りを運行するトロリーバスはおんぼろとはいえ、両脇には格式ある建造物と等間隔に並木が立ち並ぶ。もちろん、西欧の街と比較すればみすぼらしいかもしれないが、同じく旧共産圏のザグレブに住む私にとっては違和感ない。街を闊歩する女性も実に美しい。気分良く散歩していると、地元民とは異なり、ガラの悪さが一目で判別できる男達が正面からやってきた。そう、BBBだ。ディナモのTシャツを着る私に対し、その3人は完全無視。むしろ、暴力や暴言を働かれなかっただけラッキーかもしれない。すると、更に若い10代のBBB2人も正面からやってきた。うち1人はBBB事務所でフレンドリーに接してきたヴェドラン。左手にはアイスクリーム、右手にはマクドナルドのジュースを握りしめている。私に気付いた彼は開口一番、こう頼んだ。

「金くれないかな？」

「金をせびる割には、なぜ両手がふさがっているんだ？」

そう言い返すと「もうやめとけ！」とばかりヴェドランは相棒に引っ張られていった。たかり癖はもはやBBBの伝統かもしれない。

青空市場やキシナウ大聖堂などを巡り、10時頃にホテルへ戻る。廊下でトミとすれ違い、彼から「11時チェックアウト」の情報を得た。しかし、11時になったところでも全員がチェックアウトすることはない。車両を駐車したホテル前で、うだうだと瓶ビールを飲み続けるだけだ。

オッカツに残りの現地通貨をせびられ、スーパーマーケットで10本近くビールを購入。そして、オッカツの友人が現れるたびに「ユキ、彼にビールを渡してくれ！」と私をウェイターのようにコキ扱う。ビールが無くなると私に文句だ。お調子者にも程がある。時計が12時を回っても、13時を回っても出発する気配はない。出発しない理由は、1台のバンだけが遅れてザグレブを出発、まだキシナウに到着してないからだとトミは説明する。昨日みたいにバラバラではなく、ここからは不仲なサポーターグループも含めた6台の車両がキャラバン隊となって、全員一緒に国境を突破しようと目論んでいるのだ。方向性の違いから組織としてのBBBは分裂しており、ホテル前でもお互いが距離を置いているが、それぞれに交友関係を持つトミは両者の調整役を務めていた。しかし、時計は既に14時を指している。もう待つには限界だ。「さっさと行こうぜ！」の意見が強くなり、我々のグループはバンに乗り込む。エンジンがかかったところでも、「もう少し待とう」と必死のトミ。ようやく最後のバンが合流したことで、我々の車両を先頭にしたキャラバン隊はホテル・キシナウを出発したのだった。

沿ドニエストルの入国に成功、いよいよ試合会場へ

BBBのキャラバン隊はキシナウ市街を抜け、田舎の一本道を飛ばす。飛行機でキシナウ

までやってきたムーリョというメンバーが新たに加わったことで、我々の車両は定員オーバー状態。とりわけ私のいる最後列は4人が座るために窮屈だ。それでも新たな仲間が増えることで、車内の雰囲気も賑やかになる。だが、ここで盛り上がりに水を差す事件が起こる。ガソリンスタンドに停車していたはずのモルドバ警察のパトカーが後ろから追いつき、ストップをするよう指示。スピード違反の取り締まりで、我々の車両を含む計3台が捕まってしまった。言葉がロクに通じない警官相手に時間を費やすわけにはいかない。オッカツが賄賂で解決しようと真っ先に提案し、各車両から100レウずつ集めて、トータル300レウ（約2150円）をさっと警官に手渡した。はじめから警官は外国ナンバーの車両を狙って待ち伏せし、何かしらの理由を付けて賄賂を要求する腹積もりだったのだろう。予想以上の額に警官はご機嫌らしく、クラクションを鳴らして我々を見送ってくれた。

およそ1時間のドライブで国境に到着。モルドバ警察の関門をあっさり通過すると、次は沿ドニエストル側の三つの関門だ。ロシア軍、沿ドニエストル警察、税関と手続を進めなくてはならない。まずはオッカツがレンタカーの書類を手にしてロシア軍の小屋に入る。残されたサポーターは手持ち無沙汰のロシア軍人に話しかけるが、雰囲気は悪くない。細かいニュアンスまでは伝わらないものの、ロシア語とクロアチア語は同じスラブ語族のため、多少なりは理解し合えるのだ。そんなスラブ融和作戦は小屋でも上手くいっているようで、入国手続は順調のよう。しばらくすると、トミが用を足したいと騒ぎ出す。あれほどビールを飲んでれば、出るものは出るはずだ。しかし、ロシア軍人は車両から遠く離れることを禁じたため、トミがもだえ始める。痺れを切らした他のメンバーもタバコが吸いたいと騒ぎ出した。とにかく、ここは落ち着け……。20分は要しただろうか。ようやくロシア軍の関門を抜けて、次は沿ドニエストル警察の関門だ。噂される賄賂は請求されなかったが、我々の滞在時間に制限が設けられた。出国は本日24時まで。また、出国の際には滞在目的が分かる証拠として、試合のチケットを提示しなければならない。他の車両に乗っていた若造が警官と口喧嘩を始めたために、「ここで揉めるな！」と古参メンバーが一喝した。これで約70人全員が沿ドニエストルの入国に成功。検問所を越えて20mほど行った先に売店があり、BBBは「スタレヤ・クレポスチ」という銘柄の沿ドニエストル産ビールを買い、乾杯で入国を祝い合った。

国境を越えたキャラバン隊は一路ティラスポルに向かって走る。ムーリョがクロアチアに残る友人に沿ドニエストル入国に成功したと携帯メールで報告すると、「昨年のCLでは、オリンピアコスとトゥエンテのサポーターが入国を拒否された。お前らは初めて入国に成功したサポーターだ。おめでとう！」と返事が届く。それをムーリョが他のメンバーに伝えると車内は俄然盛り上がった（実際はステアウアのサポーターが先に成功している）。国境を抜けて最初の街、ベンデルに到着。ベンデルは、１９９２年のモルドバ政府との戦争で沿ドニエストルが激戦の末に勝利した際、新たに支配下に置いたドニエストル川西岸の街だ。スーパーマーケット「シェリフ」の大型店舗が市内に構えられている。ベンデルを抜け、軍が管理する橋を越えればティラスポル。市街の入口には噂の最新鋭施設、シェリフ・スタジアムがどーんと建っていた。ＢＢＢのアドレナリンは一気に湧き上がる。しかしながら、スタジアム近辺に酒が飲めるバーがないと察するや、中心街に行くことに決まった。道路には案内標識もなければ、手元には沿ドニエストルの地図もない（ちなみに国家機密保持のため地図は持ち出し禁止らしい）。だが、事前にＧｏｏｇｌｅマップでティラスポルの地理を把握していた私がアドバイスすることで、全車両がティラスポルの中心街へと移動できた。「ソビエトの家」という名の巨大な白亜の建造物前に車両を停めると、レーニンの胸像前で全員揃って集合写真を撮ることに。監視していた警察が制止しようと試みるもＢＢＢは無視。トミにカメラを渡された私が撮影役を務め、「プティチィツァ！」（クロアチア語で「小鳥」）。いわゆる「ハイ・チーズ」のかけ声で全員がフレームに収まった。

試合まで残り3時間半。キックオフ1時間前の19時まで自由行動となった。沿ドニエストル・

ルーブル（1ルーブル＝約8・7円）に両替を済ませるや、BBBの大半がアルコールを求めに走る。オッカツが屋台でビールを買おうとすると、1杯注ぐのに数分かかるという。商売っ気のない屋台のおばさんはそれでも笑顔。この国は他と異なる時間が流れているようだ。屋台でビールを買うのを諦め、BBBは商店でビールを買ったり、バーやレストランへ流れていった。ちなみにBBBは異国を訪れたところでも、観光はほとんどしない。私は彼らから1人離れ、ティラスポル市内を散策することに決めた。おおよその見所は「ソビエトの家」が建つカルラ・リプネクフタ通りにある。まずはシェリフのファンショップを発見。小さな店構えながら、ユニフォームやポスター、マグカップやチアホーンなどあらゆるシェリフ・グッズが揃っている（スポーツ用品店も兼ねていて、柔道着も売られていた）。目を引くのはクラブ名にちなむ保安官スタイルの帽子だが、私はアディダス製のシェリフ・ユニフォームを150ルーブル（約1300円）で購入。所得が低い関係もあるが、この国の物価は極めて安い。今夜の試合はそこそこ注目されているようで、ファンショップにチケットを買い求める地元民も現れた。その中に軍人もいたことを考慮すれば、いかにシェリフが沿ドニエストル国内で国民的クラブなのかが理解できよう。

ソ連の残骸ともいうべき国家の首都だけに、ティラスポルはネタ満載、プロパガンダ満載の街だ。モルダビア・ソビエト社会主義共和国の国章と酷似した沿ドニエストル国章の看板もあれば、「大祖国戦争（第二次世界大戦の独ソ戦）戦勝65周年」の看板も立つ。また、レーニンの姿は「ソビエトの家」にある胸像のみならず、政府庁舎前にも全身像が建てられている。その斜め向かいには1992年の独立戦争に関するモニュメントがずらり。「国民のために！」と側面に書かれた戦車は、実際に戦争で使われたもの。主砲は西に位置するモルドバ本国に向けられ、市民の結婚式の記念写真はこの戦車の前で撮影する慣わしがあるようだ。戦車の隣には804人の戦死者を祭った大規模な慰霊碑とミュージアムが新たに建設され、あとは8月1日の除幕式を待つのみ。独裁者スミルノフ大統領の姿はどこに……あった、ロシアのメドヴェージェフ大統領と握手を交わす写真がモスクワの街並みと合成され、看板になっていた。

2世代に割れたコールリーダーが交互に応援をリード

国家としては尋常じゃないが、住民が至ってノーマルなのが沿ドニエストルの不思議なところだ。散策中、偶然にも広場で集結中のシェリフのサポーター達と出会った。おおよそが10代の少年少女。中にはキャプテン翼のTシャツを着た少年もいる。ディナモのTシャツを着る私が近寄るや、最初は「なぜ東洋人がディナモを……」と、状況を把握できないようだったが、お互いに片言の英語やスラブ語（こちらはクロアチア語、あちらはロシア語）で意思疎通を図る。

「何人のディナモ・サポーターがクロアチアからやってきたの？」

「70人ぐらい」

「（一斉に）おーっ、それは凄い！」

「君達、シェリフのサポーターは何人ぐらい集まるの？」

「今日は150人ほどかな」

「ディナモのサポーターはフーリガンだよ。くれぐれも気をつけてね」

「うん、危険なことは知っている。インターネットで読んだよ」

ＢＢＢの悪行ぶりは彼らの間にも知られていた。ＢＢＢが中心街でも東で飲んだくれているのに対して、彼らは西で集結したのが幸運だった。純朴な彼らがＢＢＢに襲われるなんて想像もしたくない。黒と黄がチームカラーであるだけにマスコットは蜂。蜂の着ぐるみを先頭に、彼らはサポーターソングを歌いながらスタジアムのある西の方角へ行進していった。

戻る際に一本200円ほどの沿ドニエストル産コニャック「クヴィント」を買い、時間に余裕を持って駐車場に戻る。陰で「フーリガン」呼ばわりしてしまったＢＢＢに「シェリフのサポーターと会ったよ」と話すと、「どんな奴らだった？」と一旦は興味は持つものの、子供だと知るや戦闘意欲は湧いてこないような表情になっていた。そんな彼らに「ここ唯一の名物だぞ」とコニャックを勧めたものの、「強い酒はダメだ」と誰もが拒否する。オッカツだけが「いい酒じゃねえか！」と大喜び。私とキシナウでバチェラー・パーティーを開けなかった代わりにと、肩を組みながら独身最後の夜に贈る定番ソングを歌ってくれた。嬉しい儀式とはいえないのだが、軽く試合前の景気付けにはなっただろうか。キャラバン隊はオッカツ１人の要望でクヴィントの専門店に立ち寄り、それからシェリフ・スタジアムに向かった。

シェリフは試合前にクロアチア警察からアドバイスを受けたらしく、いかに穏便にＢＢＢを迎え入れ、問題なく送り返すかを熟知していた。彼らを隔離したとしても高圧的に扱ってはならないのが基本だ。スタジアムから１００ｍほど西に外れた駐車場に車両を停めさせ、駐車場入口の小屋でチケットを購入。アウェイサポーター向けのチケットは少々高めに設定するクラブが多い中、ここではたったの10ルーブル（約87円）。ファンショップで売られていたどのカテゴリーのチケットよりも安い。続いて荷物チェック。カバーが被さったテントは男女それぞれに分かれ、１人ずつ入りながら、カバンの中身だけでなく、靴の中や服の隅々まで念入りに調べられる。オッカツが先頭で、私は2番目。試合開始まで40分というのに、１人につき検査は1分を要する。70人ほどの中で女性は2人しかいないが、機転を利かせて女性専用テントを開放しないがため、検査は一向に終わる気配がない。また、検査が終わったメンバーも集団移動するまでそこで待たなくてはならないのだ。

「ズボンを脱がされて下着まで見せるはめになったのよ！」

女性サポの1人は辱めを受けて怒っている中、いの一番で検査を受けて余裕のオッカツはタバコの火をくゆらしながら警備員に話しかける。オッカツが彼らの時給を聞き出すと、わずか3ルーブル（約26円）だとか。そんな薄給でBBBが暴れ、彼らに怪我でもさせたら、これまた申し訳ない。キックオフの20時が近づき、一部のBBBがいらつき始めてくると、警察が検査済みのグループを移動させることに決めた。スタジアムに向かって行進するBBB。地元民との接触を防ぐために警察が壁を築き、入口には武装警官が待ち構える。とはいっても、武装警官は我々を威嚇することなく、ゴール裏の一角に設けたアウェイサポーター専用エリアに最短距離ですっぽりと収めた。BBBを喜ばせたのは、若い女性3人が立つ売店が席の近くにあったことだ。10ルーブル（約87円）のノンアルコールビールは飛ぶように売れ、中には売り子を口説くBBBもいたようだ。

おなじみのCLのテーマソングが流れると、改めて「辿り着いた」という実感が湧いてくる。我々の対面には、シェリフ・サポーターの少年少女とポンポン両手のチアリーダーがリズムに合わせて応援する。蜂のマスコットも盛り上げに一役買っていた。男臭いBBBの何人かは上着を脱ぎ出し、こちらも恒例のチャントが始まった。

「ディナモ・ザグレブ、アレアレアレ！　ディナモよ、俺はお前が好きなんだ！」

「愛しているぜ、ディナモ。愛しているぜ、ディナモ。本当にお前を愛しているんだ！」

「プラーヴィ（青＝ディナモのチームカラー）よ、前に進め。歌は響く。スタジアム全体がお前達をサポートする。1000の魂は今、お前達のために鼓動する。なぜなら、ディナモはチャンピオンだからだ！」

応援は統率が取れているわけじゃない。リードする人物が世代に分かれて2人いるのだ。

「俺にとっても今の若い奴らはよく分からん。あの眼鏡かけて偉ぶっている奴は何なんだ？」

そう不平を述べるトミと、若い世代のリーダーである眼鏡野郎がそれぞれ左右でリード役を務める。昔のトミはきってのトラブルメイカーだったが、「旅の間は冷静に振る舞って」とお願いする妻マリーナとの約束も守ってきた。ジェネレーションギャップを感じながらも、向こう見ずな若い奴らが脱落しないよう気遣ったのだ。先ほどの検査で待っている間、私は彼に自分の思いを率直に届けた。

「トミも昔は色々と悪さしたけど、今はすっかり大人になったよな。成長したトミが見られて嬉しいよ」

私の言葉に、はにかむトミ。友情を大事にするトミが選ぶチャントはもっぱら、5月のBBB暴動で銃弾に倒れ、それが警察の意図によるものかが分からぬまま、今も後遺症に苦しむ友人マリオのものだ。

「マーリオ、ガリッチ！　唯一無二のマーリオ、ガリッチ！　真実が知りたい！　真実が知りたい！」

テンションの高いオッカツも当然のように上着を脱いで応援を始めたが、網の向こうに座る一般人の中にクロアチア女性がいることに気付く。色気ムンムンの美女2人。オッカツが「一緒に応援しようぜ！」と誘うも、壁となる警官隊が移動を許さない。網越しに話を聞くところ、彼女らは手作りの横断幕を持ってザグレブから個人で訪れたようだ。オッカツは差し入れとばかり、警官隊の壁を越えてビールを手渡すことに成功。見返りに美女の携帯番号を手に入れた。しかし、危険と隣り合わせのこんな僻地に、どうやって個人で訪れたのだろう？　興奮が落ち着いた帰りの車内でも彼女らのことが話題となり、ＢＢＢらしい意見として皆がこう納得したのだった。「売春婦としてここで働いてんじゃないか」

話を試合に戻そう。ディナモは開始3分、幸先良く先制点を決める。ＭＦサミールがドリブルで左サイドを50ｍ疾走。外人部隊のシェリフのスタメンで唯一、モルドバ国籍を持つＤＦタルクニシュヴィリ（主将の彼も民族的にはジョージア人）を振り切ってサミールがペナルティエリアに入ると、右足のアウトステップキックで放ったシュートはＧＫストヤノフの頭上を打ち抜いた。ディナモ、先制！　しかし、ヨーロッパの舞台となると経験不足が露呈し、安定した試合運びができないのが今のディナモの欠点だ。35分、シェリフのＦＫのボールにＧＫブティナが不用意に飛び出すと、ファーサイドでＤＦサマルジッチに折り返され、ＭＦエロヒンに押し込まれた。セットプレーの守備の危うさはシーズン開幕から指摘されながらも、全くもって修整をかけられない。ＧＫブティナに特別なシンパシーを抱くＢＢＢは、彼に罵声を浴びせることなく、更に応援の声を強めていった。

後半のディナモはアウェイゴールのアドバンテージを最優先し、無理に2点目を奪いに行くことをしなかった。61分にＤＦバルバリッチが2枚目のイエローカードで退場すると、10人となったディナモは更に守備偏重のサッカーに。82分にＦＷドドーがペナルティエリアで倒されてＰＫを要求する場面もあったが、これは主審に流されてしまった。シェリフも数的有利を活かすほどの実力はなく、１－１のままタイムアップ。煮え切らない展開とはいえ、ホームの第2戦に繋がる結果だ。マクシミール・スタディオンならば今日の１００倍近いＢＢＢやファンが集まる。彼らの歌がスタジアム全体に鳴り響くことだろう。

帰路の難関を賄賂で突破、1泊5日ツアーの終わり

ＢＢＢはスタンドで問題を一切起こすことなく、90分間応援を続ける模範的サポーターを演じることができた。試合中には同じゴール裏の席から我々を挑発する地元民もいたが、試合後になるとメインスタンドからエールの拍手を送る人もいて、ＢＢＢも拍手で応えた。ただし、接触は危険ということで、地元民がすべてはけるまで15分ほどスタンドで待たされる。それから警備員、警官、武装警官に見送られながら駐車場に戻り、再び全車両が一列になって出発だ。１５００㎞のハードな帰路が待っている。ところが、スタジアムから少し走ったところに食料品店が開いているのを知るや全車両が停車し、一斉に店内へとＢＢＢがなだれ込んだ。沿ドニエストルはやたらと物価が安い国だけに、予想以上に両替で余らせたルーブルを消費しなくてはならない。出国してしまえば、再両替なんて不可能だ。しかしながら、一部のサポーターはルーブルを使うことなく、大混雑の隙を狙って商品を次々に万引き。オーナーが血相を変えて現れ、騒ぎを聞いた警察もやってくる。ＢＢＢはビールやコニャック、ポテトチップスを大量買いし（もしくは万引きし）、外ではアイスクリームをぱくついた。そして背後の墓地に向かってゴミを捨て、用を足す。これから起こる最大のトラブルは、最後に恥を掻き捨てたＢＢＢに対するバチだったのかもしれない。

軍が管理する橋を越えてベンデル市のロータリーに入ると、私が乗る先頭車両の運転手イヴォは国境の方向を確認するため、路上に立つ交通警官に声をかけた。すると、その警官は我々一行が外国人だと知るや、6台すべての車両を停めて「ペナルティ！」と言い出した。交通違反をしたわけじゃない。単に道を尋ねただけだ。イヴォは一滴もアルコールを入れずに運転していたのだが、車内そのものがアルコール臭かったことが仇となったのだろう。ロータリー内に交番があり、その警官のボスと交渉。腐敗警官たるボスが罰金として要求した額はなんと500ユーロ！　外国人から金を巻き上げ、それを自分の懐に入れるのは見え見えだが、月収の2倍や3倍に相当するだろう500ユーロとは余りに法外だ。ボスも英語が話せるわけじゃなく、片言のロシア語を操るディノが通訳に加わっても埒が開かない。

「お前らが500ユーロを置いていくか、それともこのまま沿ドニエストルに居残るかのどちらかだ」とボスは強要。それに対して必死の交渉を続けるBBB。絶望的な雰囲気の中、「とにかく現金を渡しとけ！」ということになり、かき集めた90ユーロの現金と100ユーロ相当のルーブルで手を打った。臨時収入でホクホクのボスは「さっさと帰れ！」という意味で「マシーネ！（車）」と大声で叫ぶ。ただで転ばないBBBの間では、その後「マシーネ！」という言葉がちょっとした流行語になった。

24時のタイムリミットに間に合ったことで、出国は入国よりもスムーズだった。審査中の沿ドニエストル警察やロシア軍に対し、BBBは「ビール瓶を捨てたい」「用を足したい」などの要求をぶつけると「モルドバ側ならばいいぞ」との許可をもらえ、国境ラインを越えた草むらに瓶を次々と投げ、揃って立小便する。審査が終われば一同が「マシーネ！」と叫んで車両に乗り込む。モルドバ国内のガソリンスタンドでは、大音量で音楽を聴くジプシー達とBBBがダンス対決。そして「マシーネ！」。馬鹿騒ぎを繰り返しつつも、次第にキャラバン隊は散り散りになり、我々の車は真っ先にルーマニア国境に到着。その後も運転手が変わりながら、ほぼノンストップで西へ西へと走り続ける。ハンガリーを抜け、クロアチア国境に到着した頃には、再び陽が沈んでいた。ラジオでは「ディナモ・ブカレスト対ハイドゥク」が生中継され、ハイドゥクが1－3で敗れたことが告げられる。クロアチアの国境警官は我々がBBBだと知るや、こう尋ねた。「ディナモの試合はどうだった？」。即答したのはトミだった。「試合そのものはイマイチだったよ。でもハイドゥクが負けたから俺的にはOKさ！」

ザグレブの自宅まで送ってもらうと日付は既に30日に変わっていた。長旅を共にしてきた仲間ともお別れだ。コトが済んで無愛想なオッカツと違って、トミとは再会を誓った。謎の地域、沿ドニエストルへの「1泊5日」の遠征旅行。あらゆる遠征で経験値を高めたBBBの古株ですら、今回は難度が極めて高い遠征だったらしい。それでも全員がこうして無事に戻れたのは、彼らの行動力と生命力の賜物だ。私はそんな彼らにのっかかっただけだが、滅多に行けることのない国に連れてってくれたことを素直に感謝したい。でも「もう一度行くか？」と訊かれたら、さすがに勘弁だ。余りにハードすぎる。沿ドニエストルを出国した時、隣に座るムーリョから翌年3月にEURO予選「ジョージア対クロアチア」を観戦するため、ザグレブ～トビリシを車で行く計画を知らされた。バルカン半島とトルコを越える往復6000kmの旅。今回の倍の距離だし、トルコ東部やジョージアの情勢も不安定だ。「お前も行くか？」と誘われたが、幾ら関心があったところでも返答に窮してしまった。

帰国から5日後、シェリフをザグレブに迎えた第2戦でディナモは攻めきれず、120分を終えて1－1のドロー。PK戦に持ち込まれ、よもやの敗北を喫してしまう。ディナモのレジェンドの1人、ザイエッツ監督がCL敗退の敗退の責任を取らされて解任されると、ザイエッツを支持するBBBは猛反発。敵対するズドラヴコ・マミッチ副会長がクラブから去らない限り、すべての応援をボイコットすると宣言した。よって、遠征企画もボイコット撤回まで行うつもりはないという。無法者なBBBのラスト遠征が未承認国家の「沿ドニエストル共和国」というのも、彼らしいといえばらしいのだが。

この年（2010年）の5月にクラブ公式として結成されたばかりのシェリフ・サポーター。
公式マスコットは「スズメバチ」で、他に保安官とコガネムシが候補にあったという。

ルーマニアのドライブインでウォッカのスプライト割りを手にするオッカツ（中央）。

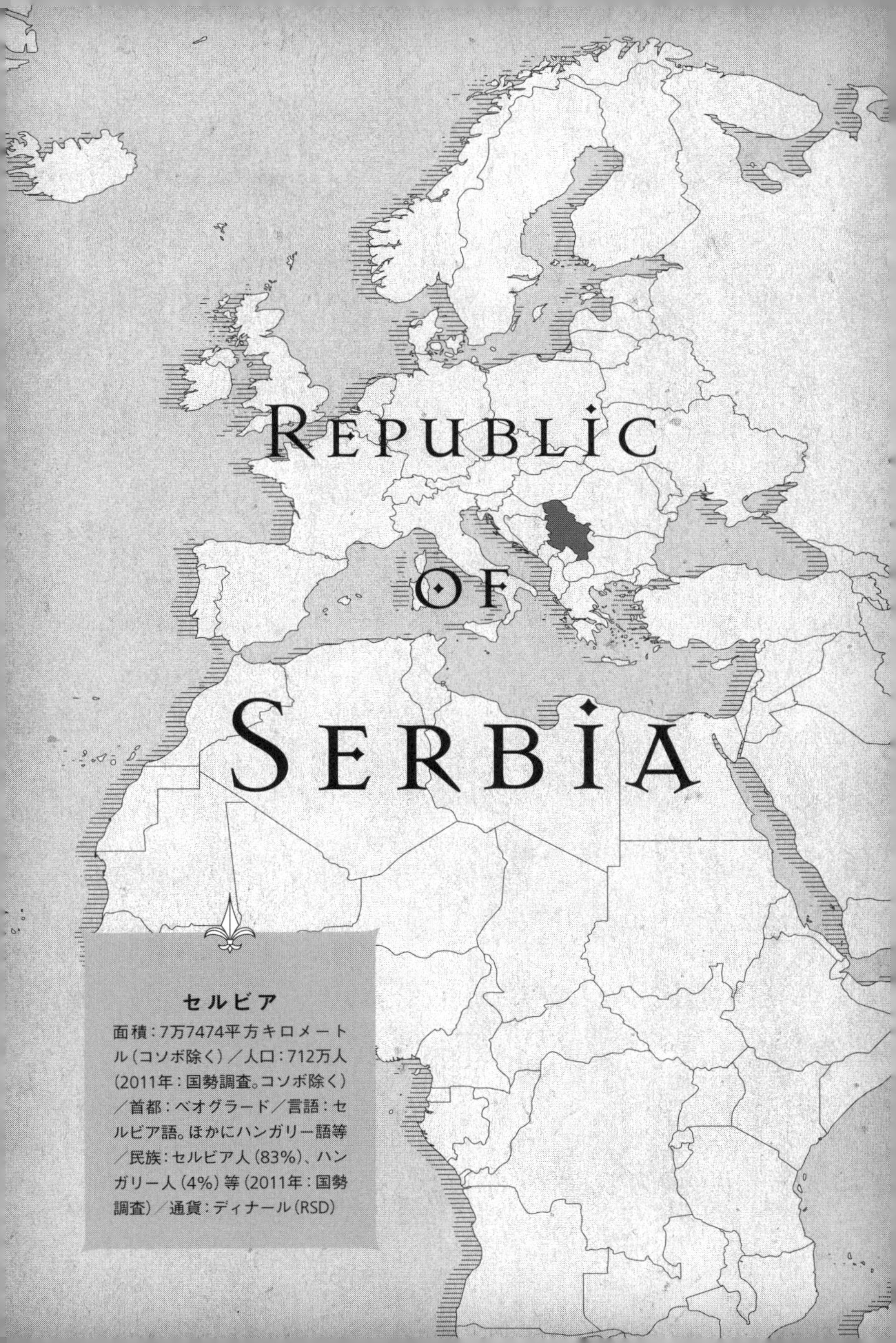

REPUBLIC OF SERBIA

セルビア

面積：7万7474平方キロメートル（コソボ除く）／人口：712万人（2011年：国勢調査。コソボ除く）／首都：ベオグラード／言語：セルビア語。ほかにハンガリー語等／民族：セルビア人（83%）、ハンガリー人（4%）等（2011年：国勢調査）／通貨：ディナール（RSD）

多文化地域ヴォイヴォディナが誇る、永遠なるセルビアの3番手

サッカー界に「永遠の2番手」が存在するならば、「永遠の3番手」だって存在する。悲哀すら漂うこの称号を、まるで宿命のように背負うセルビアの名門がある。そのクラブとは「FKヴォイヴォディナ」（以下、ヴォイヴォディナ）。読者が知るセルビアのクラブは、ツルヴェナ・ズヴェズダとパルチザンぐらいかもしれない。ヴォイヴォディナは、セルビア共和国北部にあるヴォイヴォディナ自治州の首都ノヴィサドに本拠地を置く。ベオグラードの2強を凌ぐ伝統と歴史を誇り、数多くの名手を輩出してきた。代表まで昇り詰めたシニーシャ・ミハイロヴィッチ、スラヴィシャ・ヨカノヴィッチ、ミロシュ・クラシッチ、ミラン・ヨヴァノヴィッチ、ゴイコ・カチャル（元C大阪）、ドゥシャン・タディッチはヴォイヴォディナ・ユースが輩出した面々。2010年の日本戦で鮮烈な2ゴールを決めたドラガン・ムルジャ（のちに大宮と湘南に所属）やランコ・デスポトヴィッチ（元浦和）もヴォイヴォディナと縁のある選手達だ。

私は旧ユーゴのあらゆるクラブを訪問したが、ヴォイヴォディナ以上に熱烈な歓迎を受けた

記憶がない。これは「寛容の土地」と呼ばれる地域性が深く影響する。関係者の証言の下、クラブの栄光と挫折を紐解くと、セルビア・サッカーの現実が分かってくる。同時に、ヴォイヴォディナが地元に密着した「愛すべき3番手」ということも。

ノヴィサド市内の広大な敷地にヴォイヴォディナのクラブハウス「FCヴヤディン・ボシュコフ」がある。ここでトップチームと約200人のユース選手が6面のピッチを使って毎日練習に励む。名を冠するのは、レアル・マドリードやサンプドリアをリーグ優勝に導いた智将だ。現役時代のボシュコフは戦後を代表するヴォイヴォディナのスター選手だった。引退後はディレクターを務め、70年代初頭に今日のクラブハウス構想を練るも、国や自治体の援助は得られず放置。2006年に会長に就任したラトコ・ブトロヴィッチが200万ユーロを投資したことで、ようやく構想は実現した。ユース校長のブラニスフ・ノヴァコヴィッチは誇らしげに語る。

「旧ユーゴは組織的に優れた選手を育てるユースシステムが存在する。我々も育成における世界最高のトレンドを追いながら、早くにセレクションを行い、子供の能力を最大限伸ばすよう励んでいるよ。現在、94年生のチームは首位、95年生が2位。ズヴェズダやパルチザンのユース投資額は我々の遥か上だが、クオリティという点では我々が1番だ」

ハンガリー平原の南端に位置するヴォイヴォディナ自治州は、28民族が居住する多民族地域だ。ハンガリーによる統治時代、オスマン帝国に国を滅ぼされたセルビア人が大量流入。その後も民族が入り乱れ、200万の人口のうち、65%をセルビア人、15%をハンガリー人が占め、スロバキア人やルーマニア人、旧ユーゴ諸民族が州内に点在する。

「この地域は常にタレントを輩出してきた。多民族による多様性が才能を与えるという点で、非常に特殊な土壌といえるだろう。身体的特徴にも差異があり、特質や個性も民族間で異なる。土地は起伏に富み、山岳にも平野にも優秀な子供がいるのさ。基本的にスカウティングは州内に専念しているよ。我々の役割は多彩なタレントをクラブに導き、実力を磨き上げること。質の高い基盤があれば、将来のトップチームを支える選手が生み出せる。ここ10~15年間は結果を出してきた。育てた選手を売ればクラブは生き延びるんだ」

クラブの総予算はおよそ400万ユーロ。その大部分が選手の売却益とブトロヴィッチ会長のポケットマネーで賄われる。スポンサーに税金優遇がないセルビアは、民間企業によるスポーツ支援が消極的。よって、選手育成はクラブの生命線だ。ユース指導歴15年のノヴァコヴィッチ校長はこう締め括る。

「セルビア本国とクロアチアに挟まれたヴォイヴォディナは、戦時中にあらゆることが起きた。そのおおよそが凄惨で醜いことばかり。それでもサッカーは遊びの一つとして、子供の中で生き続けてきた。コンピューターが一般化し、現代の生活スタイルは一変したが、サッカーへのヤル気は今の子供も変わらないよ」

アウェイでも歓迎されたそのワケとは

「こうして彼の考えを聴けるのは嬉しいね。ユーススタッフはよく働いてくれているよ」

ひっそりと話を横で耳にしていた老紳士が口を開いた。ヴォイヴォディナの「生ける伝説」イリヤ・パンテリッチ。60年代の黄金時代を築いたGKで、EURO1968ではドラガン・ジャイッチ、イヴィツァ・オシムらとユーゴ準優勝の原動力になった。レジェンドがリーグ初優勝の1966年を振り返る。

「ズヴェズダ、パルチザン、ディナモ、ハイドゥクの4クラブが常に優勝せねばならなかったのがユーゴリーグだ。我々はいつも5番手。今でもベオグラードやザグレブの人々は『ヴォイヴォディナが最も優れたサッカーをやっていた。単に優勝工作をしなかっただけ』と言っておるぞ。我々は努力の末に、4強以外のクラブで初めてリーグを制覇した。3節残しての優勝で、私を含めた5人がユーゴ代表のレギュラーだった。そして全員がヴォイヴォディナ育ち。優勝後はノヴィサドだけでなく、州全土が華やかな雰囲気に包まれたものさ。翌年はチャンピオンズカップで準々決勝まで勝ち抜いた。あのチームはクラブ最大の栄光として語り継がれ、今でも当時の映像が流されるよ」

ユーゴリーグは連邦崩壊によって分裂の憂き目に遭ったが、チトー死後に過激な民族主義が勃興するまで、ロマンティックな時代の象徴だった。好々爺は語り続ける。

「どのスタジアムでもヴォイヴォディナは歓迎されたよ。ザグレブ、スプリト、サラエボ、モスタル……。ズヴェズダやパルチザンが嫌われた一方で、誰もが我々の美しいサッカーを観たがった。逆にクロアチアのクラブがアウェイで来たところで問題はなかったね。ノヴィサドにはナショナリズムの微塵もなく、常に良きホストを務めたんだ。私はドナウ川のほとりに居を構えているが、川向うにクロアチア人が多く住んでいる。ディナモ戦やハイドゥク戦になるとサポーターが集結し、応援しながら橋を越えて街中を練り歩いたものさ。誰もそれを悪く思わず、日常の出来事として受け止められていた。そんなムードを私は愛していたよ。スタジアムは満員のほうが嬉しいからね。在籍した8年間にトラブルが起きた記憶は一切ない。ヴォイヴォディナがベオグラードでプレーした時？　パルチザン戦ではズヴェズダ・ファンが応援してくれ、ズヴェズダ戦はその逆だったさ（笑）」

パンテリッチはパリ・サンジェルマンで現役引退したのち、ノヴィサドに帰還。以後はヴォイヴォディナに全人生を捧げて来た。18年間務めたディレクター職を退いた後も、クラブハウス通いは日課になっている。

「ヴォイヴォディナは、私のもう一つの家だ。友情にあふれた人々に囲まれている。ここに足を踏み入れていなかったら、自分がどうなっていたか分からない。狂人になっていたかもしれないね。私は毎朝、車の運転席に座るだけ。そうすれば、車が勝手に私をクラブハウスに連れてってくれる（笑）。そんな生活はもう42年目だ。これは習慣さ」

「君は日本人かい？　それとも韓国人？」。クラブハウスで1人の男性が英語で親しげに声をかけてきた。「日本人です」とセルビア語で答えると、「私は柏レイソルでプレーしたよ」との返事。名前を聞いて面食らった。サーシャ・ドラクリッチ。1995年にズヴェズダから韓国に渡り、釜山大宇と水原三星で3度の優勝に貢献。Kリーグ得点王の看板を背負って2000年に柏に加入したものの、日本は彼にとって〝約束の土地〟ではなかった。

「日本でも韓国でも登録名は『サーシャ』。ドラキュラが語尾変化しただけの苗字だけど、誰も『ドラクリッチ』は覚えてくれなかったね（苦笑）。残念ながら柏では開幕前に足の指を骨折してしまった。復帰後は公式戦を通して調子を取り戻したかったけど、ニシノ（西野朗）監督の方針は異なり、セカンドチームで私を慣れさせようとした。結局は5月にトレードで韓国に戻ることで妥協したよ。自分はサッカーを忘れたわけじゃない。その後、城南一和での3連覇に貢献したようにね。でもニシノ監督は好人物だったし、チームでは素晴らしい人々に恵まれた。良い想い出ばかりが残っているよ。機会があれば日本を再訪したいな」

クロアチア東部ヴィンコヴチ出身のセルビア人の彼も、ヴォイヴォディナの土地柄に惹かれた人物だ。キプロスリーグを経て2005年にヴォイヴォディナに入団。以降は地元出身の妻とノヴィサド生活を続けている。

「入団の折に『ここからどこにも引っ越さない』と決心した。退団後は地元の小クラブを転々とし、引退した2010年からヴォイヴォディナのフロントで非常勤委員を務めている。今はクラブを助ける立場さ。前年と比べたら、今のチームは戦力補強したよ。インフラ整備も進展している。これも積極的な投資をしてくれる会長のお陰。そしてOBも必要とあらば手を貸している。ズヴェズダやパルチザンとの差も縮まり、インフラだけならば一歩先に進んでいるかもしれないね。欠けているのはタイトルだけ。それも早く訪れると誰もが期待しているよ」

リーグ優勝は1966年と1989年の2度達成。しかし、カップはユーゴ、新ユーゴ、セルビア・モンテネグロ、そして今のセルビアを通して1度も獲得していない。この年は決勝がノヴィサド開催ということもあり、カップ制覇には並々ならぬ意欲を燃やしていた。そしてウィンターブレイクにフロントは正真正銘の大物を連れてきた。

アッピアーが語る居心地の良さ

「ナガトモはファニーガイだったな。ナカタとはよく一緒にショッピングに行ったものだ」

私の目の前に座るのはスティーヴン・アッピアー。パルマやユベントスなどセリエAのクラブで名を馳せ、ガーナ代表の中軸を担ったMFだ。しかし、フェネルバフチェで膝を故障し、チェゼーナ退団後は半年間の浪人生活を送っていた。

「決断は早かったよ。ヨーロッパの複数のクラブから打診はあったが、まだ移籍市場は開いてなかったし、望むような契約は結べそうになかった。トレーニングを続けるよりも、トップチームで試合に出場したほうがいい。ヴォイヴォディナ入団はシンプルな解決策だったさ。それまでクラブのことを何も知らなかったし、セルビア・サッカー界の事情もさほど知らなかった。しかし、入団時のオーガナイズは万全で、ここの何もかもがクール。そりゃあ驚きだったよ」

フロントの裏話によると、アッピアーは試合勘を取り戻すのが主目的のため、報酬はほとんどゼロ。タックルでやたら足を削ってくるセルビアのプレースタイルや、発炎筒や爆竹でウォーミングアップを妨害するサポーターのマナーは好まないものの、若手主体の賑やかなチームにすっかり溶け込み、あっさりと適応したそうだ。アッピアーと中盤でコンビを組むユース出身のヴク・ミトシェヴィッチは、こう証言する。

「アッピアーと一緒にプレーできるのは最高さ。学べることはいっぱいある。僕は国内選手、外国人選手といった区別をしない。それがアッピアーであろうとも。ここを訪れる選手の誰もが普通の人間だからね。チームは申し分のない仲間達だし、地元出身の若手もたくさんいる。リラックスしたムードを醸し出し、外国人選手を上手く受け入れていると思っているよ」

アフリカ人のアッピアーもまた「寛容の土地」を謳歌していた。そして彼はプロフェッショナリズムの伝承者でもある。

「その昔は学ぶ意欲のある若手がベテランに色々と訊きにいったものさ。しかし、現在のサッカー界はそうでもない。2割から3割の若手は殻に閉じこもり、ベテランに近づこうとしないんだ。僕はピッチ内外を問わず、経験の浅い選手に色々と話しかけている。チーム全体を見てやれるビッグプレイヤーが1人2人いるだけで若手は育つし、選手間に不和も生まれない。試合後に5分か10分、若手に時間を割いてやるだけでいい。私はここの若手にも助言を与え、モチベーションを上げられるよう努めているよ」

しんがりに登場するのはブトロヴィッチ会長だ。50代後半にしてヒップホップ系ファッション。ロングの白髪にサングラス。ボディガードからホテル経営者に成り上がった奇抜なモンテネグロ人ビジネスマンに、黒い噂は絶えない。それでも経営難のクラブを救った〝メシア〟として崇められる存在だ。

「私は1975年から家族と一緒にノヴィサドに住んでいる。出自に関係なく、私はヴォイヴォディナを愛し、自分はヴォイヴォディナ人だと心の中で感じている。6年前、クラブ幹部が会長就任を熱心に口説いてきた。彼らの願望と私の愛情が結びついたということだ。ここの会長職は最も美しいホビーさ」

ヴォイヴォディナが長年タイトルに見放されている理由を尋ねると、彼はためらうことなくセルビア・サッカー界に矛先を向けた。

「私が望むのは来シーズンこそ政治的に変化が訪れること。すなわち、ヴォイヴォディナをズヴェズダやパルチザンと平等扱いしろ、ということだ。そうすれば我々もタイトル争いできる。事態が公平になれば、2強だろうと単なる競争相手になる」

2011年のパルチザンとのカップ戦決勝では、逆転に繋がる終盤の2得点を審判に取り消されたため、ブトロヴィッチ会長は試合途中で選手達をピッチから引き上げさせた。

「もはやサッカーではなく、政治的な衝突だ。ヴォイヴォディナはパルチザン以上の実力を発揮したのに、審判によって勝利を盗まれてしまった。権力が略奪に結び付いたのさ。このような不平等に耐えることは不可能だった」

ブトロヴィッチ会長はサッカー協会や2強の幹部とは付き合わず、決勝はサポーターグループ「フィルマ」とゴール裏で観戦した。これも彼のポリシーだ。

「アウェイだろうとホームだろうと私は貴賓席に座ることはしない。セルビア・サッカー界の人々の能力は高く評価しているが、知り合いになろうとは思わない。あの試合で私は8000人のサポーターと青春を分かち合いたかった。パルチザンの優勝は恥の上塗りで、関係者は喜べなかったはずだ。なぜか？　意欲や実力だけでなく、人間性すら示せなかったからだ」

その言葉で周囲には緊張が走るが、彼の視線は常に練習で汗を流す選手達に向けられていた。

取材から1か月後、ヴォイヴォディナは最大の危機を迎えていた。カップ戦準決勝で格下ボラツにまさかの敗北。監督とスポーツディレクターは更迭され、サポーターは「フロント、出ていけ！」のコールを繰り返した。ノヴィサドでの決勝もスタジアム改修を建前に開催権を返上。混乱の中、最終節に迎えた相手は宿敵ズヴェズダだった。それまで真価が問われていたアッピアーが華麗なボレーで同点弾を決めると、アディショナルタイム3分にはFWウマルが逆転ゴール。土壇場で3位を死守することで、ヨーロッパリーグ出場権を確保した。批判の矢面に立つブトロヴィッチ会長に向かって、選手達が一斉に駆け出す。いつも険しい表情の彼は、歓喜の輪に囲まれると満面の笑みを浮かべた。3番手のポジションは誰にも譲れない。

ヴォイヴォディナの名物会長ブトロヴィッチ。通称「バタ・カン・カン」。闇社会と繋がっていると噂され、
審判買収で逮捕されたこともある。取材の翌年に彼はホテルの一室で急死するが、一時は他殺説も疑われた。

ヴォイヴォディナ・ユースのカテゴリーは7つに分かれ、将来のトッププレイヤーを目指して切磋琢磨する。
その後もMFセルゲイ・ミリンコヴィッチ＝サヴィッチ、MFミヤト・ガチノヴィッチを代表に送り込んでいる。

ヴォイヴォディナを愛し続けたパンテリッチ。
PKキッカーの名手としても知られ、GKとして
史上初めて公式戦ハットトリックを達成した。

元ガーナ代表のレジェンド、アッピアー。
ヴォイヴォディナでの契約延長を断り、
このシーズンを最後に31歳で現役引退。

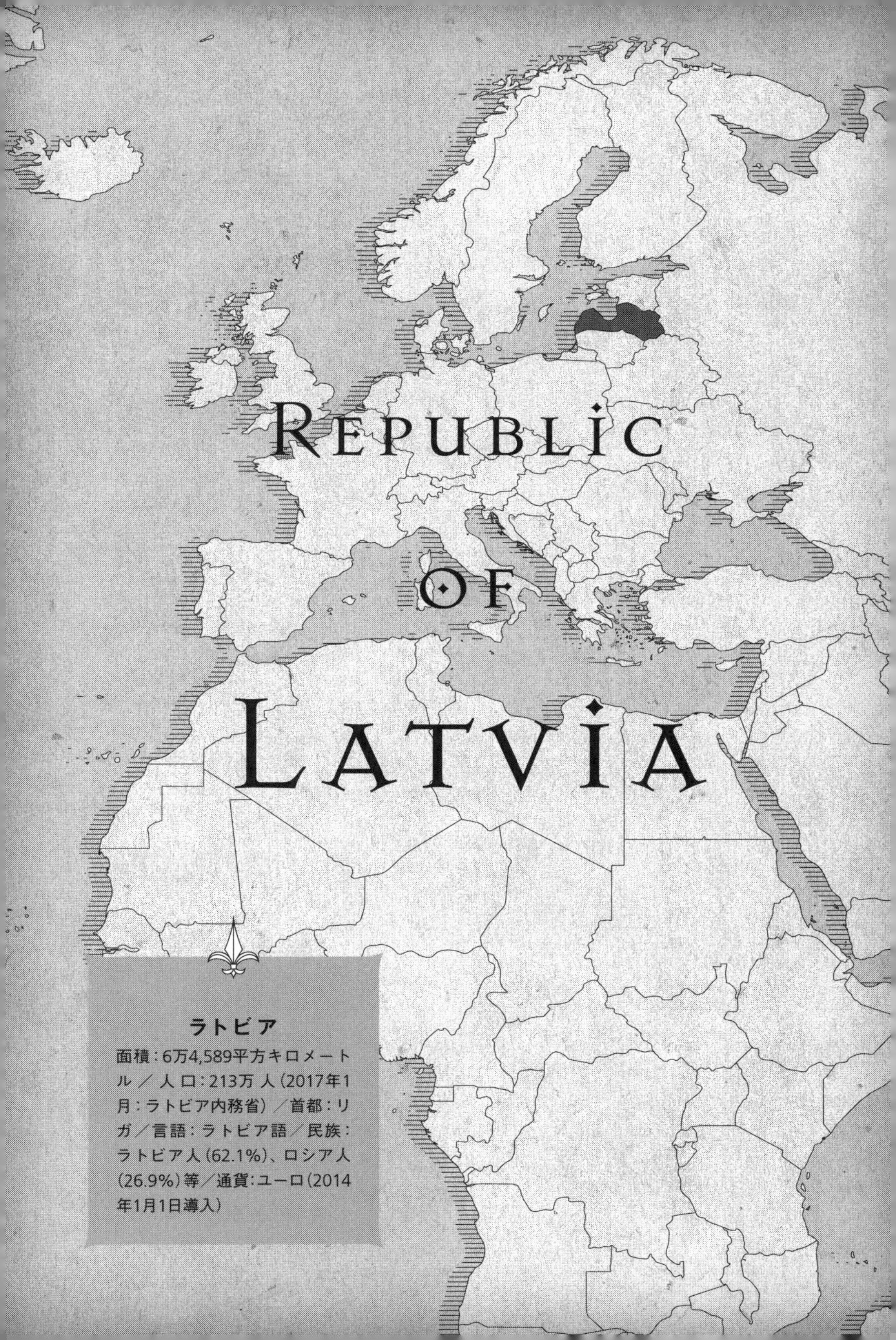

Republic of Latvia

ラトビア

面積：6万4,589平方キロメートル／人口：213万人（2017年1月：ラトビア内務省）／首都：リガ／言語：ラトビア語／民族：ラトビア人（62.1%）、ロシア人（26.9%）等／通貨：ユーロ（2014年1月1日導入）

欧州への入口、ラトビア日本人選手たちとの共生

4月初旬というのにラトビアでは雪が降っていた。バルトの冬は長くて厳しいが、サッカーは眠りに就くことがない。ラトビア1部「ヴィルスリーガ」の2012シーズンは3月24日に開幕。今この国は欧州を夢見る日本人選手の玄関口となっている。このブームは2010年、同国初の日本人選手としてMF赤星貴文がリエパーヤス・メタルルグスで活躍したのがきっかけだった。2011年にはDF柴村直弥、MF加藤康弘がヴェンツピルスでリーグ優勝を経験。この2年間で1部クラブに在籍した日本人は実に12人を数える。

独立後のラトビア・サッカーの歴史は「スコントの歴史」といっても過言ではない。1991年の創立直後から世界記録のリーグ14連覇を達成。EURO2004出場を果たしたラトビア代表もスコント経験者が多数を占めていた。そんな名門の10番を背負うのがMF佐藤穣だ。高卒ルーキーながらザスパ草津でレギュラーを獲得。海外挑戦のため1年で退団を

決意すると、アメリカとメキシコを経由し、2010年夏から当時ラトビア2部のグルベネに加入した。1部昇格の原動力としてリーグMVPに選ばれるや、翌年春に強豪ヴェンツピルスへ移籍。夏にはスコントが彼を引き抜いた。まだ21歳の佐藤は、自分の置かれた状況についてこう語る。

「クラブ間の差は正直感じません。目標は今できる限りの活躍をすることのみです。それによって次に行ける国も変わってきますから」

第3節スパルタクス・ユールマラ戦は、スタジアム隣接のスコントホールで行われた。屋内競技場で公式戦が開催されるのも春先ならでは。コロンビア人やガーナ人の助っ人で強化されたスパルタクス相手にスコントは苦戦。後半頭に佐藤が中央からシュートを放つも、ポストに阻まれてしまった。結局は途中交代に終わったが、現役時代はサウサンプトンで活躍したマリアンス・パハルス監督からの信頼は厚く、3シーズン目の今年も成長を続けている。

車で首都を北から南に走り抜け、リガサッカースクールに到着。ここの人工芝グラウンドが、「ユールマラ対グルベネ」の会場だ。この季節、天然芝のホームグラウンドしかないクラブは、こうして他会場を借りるしかない。人工芝の練習場すらないグルベネに関していえば、春先は200km近く離れたこの地にチーム丸ごと滞在する。創立から7年、恵まれた環境には程遠いものの、現在は「5人」と欧州で最も日本人を抱えているクラブだ。更に在日韓国人のリュウ・ミョンギも加わり、同時出場可能な外国人枠5人はもっぱら彼らが占める。ラトビア・サッカー界はロシア語が共通語だが、試合中には日本語も飛び交う。フィジカル重視のラトビアで日本のサッカースタイルをどう融合させるか、新種のモデルケースといえるだろう。

前半、立て続けに喫した2失点には連係面の脆さが表れたが、39分に元横浜F・マリノスのFW斎藤陽介がPKを決めて1点差。温存していた元栃木SCのMF入江利和を後半頭から投入すると、59分には斎藤が縦に抜けて同点弾を叩き込んだ。

試合後、私はローマンス・ラユクスGMと接触し、1部昇格2シーズン目を迎えたクラブの戦略について問うてみた。

「我われは日本人のクオリティに満足しているよ。優れたテクニックとスピードを持っているからね。グルベネの重要なタスクは勝ち点を積み重ねることではなく、美しいゲームを演じてクラブのステータスを上げることにある。まだグルベネはクラブとしてアマチュア同然だし、ホームタウンは人口9000人ほどの小さな町だ。ただ、本拠地での試合には1000人以上の観客が集まる。日本人がプレーすることは観客にとっても関心が強いのさ。この先も我々は日本人を獲得する。彼らだってここで活躍すれば大きなクラブに移れるし、日本サッカーにとってても興味深い試みだと思うよ」

元マリノス斎藤陽介が語る〝第一歩〟としての魅力

海外でサッカーをしたいという夢があって、その第一歩として昨年（2011年）シンガポールリーグでプレーしました。でも、小さい頃からの夢は欧州で活躍すること。たまたま欧州でエージェントを営む方と出会い、グルベネを紹介してもらいました。ラトビアリーグはマイナーですが、欧州の入口として、まずはここで結果を残してから上のステップに行かないと。以前にラトビアでプレーした日本人から経験談を聞けましたし、今でもチームメイトに日本人がいるので、やりやすい環境にあると思います。日本人はアジリティがあり、技術があると言われている分、体格の大きいラトビア人選手に対して特長を出しやすい。彼らは日本人ほど小回りが利くプレーができないし、ボールウォッチャーになりがち。力任せに来るところもあるので、裏を取る機会がけっこうあります。毎回そんな隙を狙いながらプレーしているので、相手との駆け引きは凄く面白いです。

この先はいきなり5大リーグとは言いませんが、ポーランドやセルビア、ロシアなど一段階上のリーグに進めるよう頑張りたいです。自分の中で24歳は海外挑戦ギリギリの年齢と思っています。今はその挑戦を楽しんでいますよ。

2011年のバルティックリーグ決勝「ヴェンツピルス対スコント」で同点ゴールを決めた柴村直弥（左）。
翌年にはウズベキスタンの強豪パフタコールへ移籍。佐藤穣（右）はこの試合の2か月後にスコントへ。

ヴィルスリーガ2012シーズン「ユールマラ対グネベネ」で2得点目を決めた斎藤陽介。
この月には月間MVPに選出。シーズン途中にヴェンツピルスに引き抜かれ、翌年はロシア2部ウファに移籍。

サポーター分裂、港町リエパーヤ ２００８ヴィルスリーガ第15節

リトアニアのクライペダを離れ、バスはバルト海を左手に臨みながら北へと向かっていく。１時間もすればラトビアとの国境が現れた。２００４年にEUに加盟したバルト3国は、２００７年12月21日から人の自由移動を認める「シェンゲン協定」を実施。７か月前に廃墟となった両国の国境検問所を文字通り〝通過〟するとラトビア入国だ。国境から北に進むこと１時間、私はラトビア第３の都市リエパーヤに到着した。

リエパーヤはラトビアの西端にある人口８万５０００人の港町。１８９０年から１９０６年にかけて帝政ロシアの海軍基地が建設され、日露戦争の際には日本に向けてバルチック艦隊がここから出港した。帝政ロシア時代には貿易港としても発展を遂げたものの、ソ連時代になると軍事的な理由で「閉鎖都市」に指定され、地元住民以外の立ち入りが禁止されてしまう。ラトビアがソ連からの独立回復を宣言したのは１９９１年5月のこと。リエパーヤに自由が訪れ、再び貿易港を持つ商工業へと転換していった。

リエパーヤの北部には、かつての軍港が存在したカロスタ地区がある。1994年の旧ソ連軍の撤退後はすっかり廃墟になり、今では失業や麻薬問題を抱えているエリアだ。とはいえ、私が訪れた7月下旬は短い夏が満喫できる観光シーズンということもあって、カロスタ地区の砂浜には海水浴客が訪れていた。ちなみにカロスタ地区の辺りは再開発地域に指定されており、EUが74・42%出資しているとのこと。リエパーヤの都市そのものも1997年以来、テリトリーの65%が経済特別区となっている。

複雑な変遷とともに生き残るリエパーヤの歴史

バルト海に面した地の利を活かし、経済のテコ入れ真っ最中のリエパーヤだが、この街最大の産業は鉄鋼業だ。「JSCリエパーヤス・メタルルグス」は1882年創業と長い伝統を持つ、バルトきっての鉄鋼メーカーだ。そこがメインスポンサーとなるサッカークラブが、今回登場する「SKリエパーヤス・メタルルグス」である。

ラトビア独立後に産声を上げた1部リーグ「ヴィルスリーガ」は、これまで一つのクラブによって完全支配されていた。「スコントFC」、一般的には「スコント・リガ」の名称で通る首都のクラブだ。実業家グンティス・インドリクソンス(現ラトビア・サッカー協会会長)によって1991年に創立されるや、翌年にはヴィルスリーガ初代王者に輝く。それから2004年まで実に14年連続でリーグ優勝を達成し、「1部リーグ連続優勝」の世界記録を打ち立てた。そのスコントの15連覇を阻止し、2005年に初優勝を果たしたのがメタルルグスだ。2位スコントとは勝点差13を広げての断トツ優勝。2007年にはバルト3国のクラブ王者を決める「バルティックリーグ」も制し、初代王者になっている。

いきなり桧舞台に現れた感のあるメタルルグスだが、彼らはスコントと違って伝統があり、それもラトビアの歴史と共に歩んだクラブだ。本拠地ダウガヴァ・スタジアムの敷地に入ると、正門からスタジアムに至る遊歩道に10枚ほどのパネルが常設展示してあり、80年以上にわたるクラブの歴史が当時の写真を使って丹念にまとめられていた。その複雑なクラブ史は、大国に翻弄されたラトビア史とも密接に繋がっている。

帝国ロシアに支配された1909年、最初は自転車クラブとして産声を挙げた「オリンピヤ・リエパーヤ」は、第一次世界大戦後のラトビア独立(1919年)の4年後にサッカー部門を新設。1927年にラトビアリーグを制して以来、7度の優勝を遂げるほどの強豪となる。しかし、1940年8月にラトビアがソ連に併合されるとチームは解散。翌年に独ソ戦が勃発し、ナチス・ドイツがバルト3国に侵攻すると、解放軍として迎え入れたナチスの下でオリンピヤは一時的に復活した。けれども、１９４４年にソ連が再占領すると、クラブは再び消滅という憂き目を見た。

第二次世界大戦が終結し、オリンピヤの元主力選手たちはラトビア最大の河川の名前を付けた「ダウガヴァ・リエパーヤ」を新たに創立。１９４６年、１９４７年とラトビア国内で2年連続2冠を達成した。１９４９年にはカップ戦王者の「ディナモ・リエパーヤ」と合併し、ラトビア最強のクラブ「サルカナイス・メタルルグス」を結成。更にその5年後には首都のダウガヴァ・リガと統一チームを作り、ソ連2部リーグに参戦していく。リエパーヤにはそのセカンドチームを残しながら「ＬＭＲリエパーヤ」（１９６１年）、「ズヴェイニエクス・リエパーヤ」（１９６２〜89年）と変遷し、１９９０年になって戦前のクラブ名「オリンピヤ・リエパーヤ」が復活した。

ラトビア独立後、オリンピヤはヴィルスリーガ1年目で3位になるも、直ぐに経営難で苦しんだ。サッカーの市場規模が小さいラトビアでは、クラブの改名や合併、破産や解散が日常茶飯事に発生する。財政難を理由にヴィルスリーガ参加を辞退するクラブも少なくない。リエパーヤのクラブもオーナーが代わるたびに「ＦＫリエパーヤ」（１９９４年）、「ＤＡＧリエパーヤ」（１９９５〜96年）、「バルティカ・リエパーヤ」（１９９６〜97年）と改名を続けてきた。そんな地元クラブを救済すべく、鉄鋼メーカーのメタルルグス社が支援に乗り出したのが1998年。社名に倣って「SKリエパーヤス・メタルルグス」と改名したクラブは2位・2位・3位・3位・3位・2位・2位と安定した成績を残し、2005年にようやくスコントの牙城を崩すまでに至ったのだ。

この街のスポーツ界はメタルルグス社の恩恵を全面的に受けている。私が泊まったカロスタ地区の宿の近くには、バスケットボールクラブ「BKリエパーヤス・ラウヴァス」(男子)と「リエパーヤス・メタルルグス」(女子)が本拠地を置く体育館があった。南の旧市街に向かって歩けば、運河沿いに3000人収容のアイスアリーナ「オリンピスカ・レドゥス・ホール」が建っている。ラトビアで最も人気のあるスポーツがアイスホッケーだ。「HKリエパーヤス・メタルルグス」は1998年創立ながら、既にラトビアリーグ優勝4回。今季からは、よりハイレベルなベラルーシリーグに特別参入するという。アリーナのエントランスホールにはラトビア代表とソ連代表のユニフォームが吊るされ、リンク上では子供達が懸命にアイスホッケーの練習に励んでいた。客席の壁にはトップチームの写真に加え、街のシンボルというべき製鉄工場の写真が並ぶ。アリーナには総合スポーツクラブとしてのメタルルグス事務所があるということで、受付の女性に「バルティックリーグの優勝トロフィーを見せてもらえないか?」と問い合わせたものの、彼女はバルティックリーグの存在すら知らないようだった。

運河を越えて旧市街に入り、西へと折れた公園エリアに、収容人数5083人の本拠地「ダウガヴァ・スタジアム」がある。スタジアムの西側は砂浜の海岸が連なっており、ここも海水浴客で賑わっていた。リトアニアの海岸にはいなかったビーチサッカーに戯れる若者を見ると、ラトビアはバルト3国の中で最もサッカーが根付いている国だと感じる。ポルトガル開催のEURO2004ではラトビア代表が初出場。バルトの国で歴史上初めてサッカーの国際舞台に進出したこともあり、ラトビア国内では特段盛り上がったという。当時のサッカー人気の影響が今でも少なからず残っているのだろう。とはいえ、先ほど覗いたアイスアリーナとは余りに対照的な光景だけに、私はつい季節を忘れそうになった。

メタルルグスの猛攻を凌ぐマケドニア人GK

私が撮影取材で選んだカードは、ヴィルスリーガ第15節「リエパーヤ・メタルルグス対ヴィンダヴァ・ヴェンツピルス」(2008年7月21日)。今季のメタルルグスは序盤で出遅れ、5位に甘んじていた。ディフェンディング王者として臨んだバルティックリーグも、準々決勝でFCリガに敗れて敗退。不調の原因は1試合1点ペースの得点力不足だった。生え抜きのエースとしてゴールを量産したラトビア代表FWギルツ・カルルソンスが、今年になって国外挑戦すべく退団したことが大きく響いた。しかし、その彼もエールディヴィジ(オランダ1部)のデ・フラーフスハップの半年間で夢破れ、古巣へと出戻り。これが復帰3試合目となる。カルルソンスを筆頭にスタメンの半分以上は現役ラトビア代表であり、地元リエパーヤの出身選手が揃う。ちなみに主将のMFゲナディィス・ソロニチンスとSBドズンタルス・ジルニスは、2005年のジーコジャパンとの親善試合(結果2－2)にも出場している。メタルルグスの布陣は、長身FWを2人並べたクラシックな4－4－2だ。

メタルルグスの対戦相手は、現在8位の「ヴィンダヴァ・ヴェンツピルス」。ヴェンツピルスはリエパーヤと同じクルゼメ地方にあり、原油輸送を中心とした海運産業で栄える港町。両都市のライバル意識はとりわけ強く、ラトビア屈指の強豪「FKヴェンツピルス」との試合は「クルゼメ・ダービー」として注目される。2006年からはFKヴェンツピルスがメタルルグスとの首位争いを制し、目下ヴィルスリーガを連覇中。永らく黄金時代を築いたスコントに代わり、現在は経済的に好調なクルゼメ地方のクラブがラトビア・サッカー界を牽引している。ただし、ヴィンダヴァはFKヴェンツピルスの陰に隠れる新興クラブだ。2部のFKホンダを土台に昨年創立され、わずか1年でヴィルスリーガに昇格。スタメンの多くが20代前半の若いチームで、こちらは4－2－3－1の布陣で挑んできた。

キックオフ早々からメタルルグスのペースで試合は進んでいく。相手DFの中途半端なクリアをカットし、ペルティエリア外からリトアニア代表MFダリウス・ミツェイカが放ったミドルシュートが見事にネットへと突き刺さり、開始5分でメタルルグスが先制。公表1350人の観客はわんやわんやと盛り上がる。17分には相棒カルルソンスからロングパスを受けたFWクリスタプス・グレビスが、DF2人を背にしながらシュートを叩き込んでリードは更に広がった。

その後もメタルルグスが勢いのまま敵ゴールを襲うが、マケドニア人GKアレクサンドル・アルチノフの好セーブもあってヴィンダヴァが持ち堪えた。ゴール裏でカメラを構えていた私は、あることにふと気付く。

「デスノ！（右）」「レーボ！（左）」

アルチノフが守備陣に指示している言葉はマケドニア語だ。マケドニア語はクロアチア語と近い親戚関係とあって、彼の指示を耳にするたびラトビアにいることを忘れ、クロアチアで撮影取材をしているような錯覚になる。すると、私は彼に俄然関心が湧いてきたのだった。

「リエパーヤの英雄、ヴェルパコヴスキスの名を聞く」

ハーフタイム。メタルルグス・ユースに所属しているボールボーイの少年達が近寄ってきて、片言の英語で会話をすることになった。異邦人に遠慮がちなリトアニア人とは違い、ラトビア人は至って気さくだ。


「どこから来たの？」

「なぜこの試合に来たの？」

「ラトビアは気に入った？」

「リエパーヤはどう？」


私の住むクロアチアの話題になると、１人のボールボーイが「ハイドゥク・スプリト！」と叫んだ。そう、ここリエパーヤはラトビアを代表するスタープレイヤー、ＦＷマーリス・ヴェルパコヴスキスの出身地なのだ。１９７９年生まれのヴェルパコヴスキスは、ユース上がりの17歳でトップデビュー。19歳でＥＵＲＯ２０００予選のギリシャ戦に出場すると、先制ゴールを叩き込んで勝利を呼び込む鮮烈デビューを果たした。２００１年にメタルルグスからスコントに移籍し、その2年後にはウクライナの名門ディナモ・キエフにステップアップ。EURO2004予選ではチーム最多の6ゴールを挙げてラトビアを予選突破に導くと、本大会でもチェコ戦でラトビア唯一の得点をマークしている。こうして国際的に知られるスタープレイヤーになったものの、ディナモ・キエフではベンチを温めることが多くなり、2007/08シーズンにハイドゥクへとレンタル移籍した。だから、リエパーヤの子供もクロアチアのクラブの名前を知っていたのである。

ハイドゥクでのヴェルパコヴスキスは、度重なる怪我やMF起用のために18試合5得点という平凡な成績に終わったが、その突破力は観る者を十分に唸らせるものだった。ヴェルパコヴスキスもそうだが、ここでラトビア人選手を観察すると、テクニックが他よりも劣る反面、パワーとスピードを全面に押し出す無骨なプレーをする。ただし、そこに汚さはなく、むしろ清々しさを感じるのだ。

後半に向けて選手達がピッチに戻ってきた。ゴールポストの状態を確認するGKアルチノヴに〝Dobar dan!〟(クロアチア語で「こんにちは」)」と挨拶をすると、愛想良く〝Добар ден!〟(マケドニア語で「こんにちは」。発音はほぼ同じ)と挨拶が返ってきた。

「マケドニアからですよね？」

「そうだよ。君は？」

「日本人ですけど、クロアチアからやってきました」

「おー、そうかい！」


同じ旧ユーゴスラビアの言語だけに、アルチノヴとは違和感なく会話が通じる。ラトビアはロシア語話者が多いものの、ロシア語とクロアチア語は同じスラブ語族でも遠い親戚のため、こうとはいかない。ボールボーイの少年達も「何で言葉が通じるの？」とキョトンとしていた。

後半はお互いのGKがアピールする45分となった。アルチノヴは、つい熱くなる旧ユーゴスラビア出身ならではの性格のようで、守備陣のみならず審判にも大きな声で責任の矛先を向けてしまい、主審から注意を受ける。そんなアルチノヴの最大の見せ場が後半67分にやってくる。右サイドをジルニスが突破して折り返すと、ペナルティエリアのカルルソンスを経由して、ボールは左側でフリーで待つグレビスに。だが、アルチノヴはグレビスの近距離シュートを右手一本で封じてみせた。ヴィンダヴァは攻めきれないまま、2－0でタイムアップ。結果はメタルルグスの順当な勝利に終わったわけだが、ヴラディミール・オシポヴ監督は無得点の後半について試合後会見でこう説明した。

「今日は前後半で全く異なる45分間だった。文学的にいえば〝昼と夜〟の違いのようにね。4日前の北アイルランドにおけるハードゲーム（UEFAカップ予選）が尾を引いてしまった。選手たちには重荷になって欲しくないので、『まあ落ち着け』と試合後に声をかけたよ」

サポーターから垣間見るラトビアの民族問題

後半はメタルルグスのサポーターに近いサイドで撮影したのだが、どうしても気になることが一つあった。サポーターが二つのグループに分かれ、全く異なるスタイルの応援をしていたのだ。それぞれが小規模な応援団であるのにもかかわらず。メインスタンド左奥の「メタル・ファンズ」は15人ほどの若者で構成され、首にはラトビア・カラーである白色とえんじ色のマフラーを巻いている。ナチ敬礼するスキンヘッドもいるところは、〝ウルトラス〟の別称を好むグループだけにガラの悪さを感じさせる。そのメタル・ファンズから数mしか離れていないところで、メタルルグスのチームマフラーを巻く「レッド・ブルー・サポート」が10人ほどのメンバーで応援を繰り返していた。こちらは対照的に真面目そうな若者が中心だ。試合後、レッド・ブルー・サポートの1人に「なぜサポーターが分かれているのか？」と尋ねると、ばつの悪そうな顔で「仲が悪いからさ」と返ってきた。両グループは真横にいながらお互いの存在を無視するかのごとく、そそくさと自分たちの横断幕を撤収する。そんな状況下でも、クラブの重鎮ジルニスがそれぞれのグループ1人ひとりに握手をして挨拶の言葉を交わすシーンが印象的だった。

後から調べてみると、メタルルグスに二つのサポーターが存在する原因は、ラトビアの国情と深く関係することが分かった。メタル・ファンズはラトビア愛国主義者の集まりだけにラトビア語で応援する。一方のレッド・ブルー・サポートはロシア系住民で構成されるため、応援に使うのはロシア語になる。ラトビアは帝政ロシアやソ連に支配された時代にロシア移民が大量に移住したことで、人口の30%近くをロシア系住民が占めるようになった国だ。実生活ではラトビア語でなく、ロシア語が一般的に話される都市や地域も多い（首都リガなどは50%がロシア人といわれる。サッカー指導の現場もロシア語が中心になる）。テレビを点ければ多くのロシア語番組があり、キオスクにはロシア語の新聞が売られている。リエパーヤス・メタルルグスの公式サイトもラトビア語とロシア語の2言語に分かれている。

しかしながら、独立後は過度なラトビア愛国主義も手伝って、ロシア人の流入・定住を制限した国籍法やラトビア語使用を義務付ける国語法を施行。ロシア系住民に対する人権侵害だとして、ラトビアとロシアの両国関係は悪化している。ここリエパーヤもその歴史的背景からロシア系住民の多い港町だ。初めてサポーターグループが生まれたのは、鉄鋼メーカーの支援を受けて「リエパーヤス・メタルルグス」と改名した1998年。15〜16歳の少年達が中心となって結成したグループは、チームカラーにちなんで「レッド・ブルー・メタル」と命名された。しかし、グループが次第に暴徒化したことでクラブ側と対立。事実上の解散に追い込まれる。その後、インターネットを通して2004年に再結成されたのが、武闘派のメタル・ファンズだった。創立メンバーの6人全員がラトビア人ということもあり、愛国主義者の若者達が次々に加わると、メタルルグスがリーグ初優勝を決めた2005年末にラトビア語だけで活動することを決めてしまう。その方針に反発したロシア系のサポーターが、翌年初頭に結成したのがレッド・ブルー・サポートである。メタルルグスのサポーターに焦点を合わせただけで、ラトビアが抱える民族問題が垣間見える。

異国では同胞のように交わる旧ユーゴ民のふるまい

空っぽのスタジアムで、私は1人の選手がクラブハウスから現れるのを待った。そう、ヴィンダヴァのマケドニア人ＧＫアルチノヴだ。ポマードでばっちりと髪の毛を固めたアルチノヴは、試合の時の険しい表情から一転、柔和な顔でやってきた。

「ちょっとインタビューさせてくれませんか？」

「もちろん！」

私の肩を抱きながら、チームバスに向かって歩きながら話を進める。アルチノヴは1977年生まれの31歳。ツェメンタルニッツァ・スコピエ、ラボトニチュキ・スコピエ、ブレガルニツァ・クラウンといった母国のクラブを経たのち、アイスランドリーグで1年間プレー。この年、代理人の紹介でヴィンダヴァに加わったという。まだラトビアでの生活は短いとはいえ、コミュニケーションに問題はないそうだ。

「言葉の壁はないよ。もう4か月間も一緒にプレーしているから、チームメイトは俺が出すマケドニア語の指示を理解しているからね。いずれはここでロシア語をマスターし、ロシアやウクライナ、アゼルバイジャンといった好条件のクラブでプレーしたいね」

マケドニアとラトビアのそれぞれのリーグレベルを比較したら？

「サッカーのクオリティについては、ラトビアリーグは決して悪くない。スピードのある良いサッカーをする。ただし、経験といった面では問題があるかもしれないな。今日の試合だって俺たちは引分けで充分だった。しかし、うちの選手達は若くて経験が足らない。下手に勝ちに行こうとして失敗してしまったんだ。あとは旧ユーゴスラビアならではの〝図々しさ〟も無いかもしれないね。ただし、ラトビアはマケドニアよりもインフラ面で優れているし、給与面においては比較にならないよ。何せここは〝ヨーロッパ〟（EU）だからね（笑）。アイスランドも給与は良かったけど、あそこは物価が高かったからなあ」

今度はアルチノヴに「なぜザグレブに住んでるの？」と逆質問を受ける立場になる。「ディナモ・ザグレブが贔屓のチームだから」と答えると、

「おお、ディナモにはゴツェ（・セドロスキ）がいたじゃないか。彼とは知り合いだよ。ゴツェが日本（ベガルタ仙台）でプレーしていたことはもちろん知っている」

ヴィンダヴァのチーム関係者全員が乗り込んだバスは、もう出発直前だった。

「ラトビアでプレーするマケドニア人は俺1人、アレクサンドル・アルチノヴだって覚えておいてくれ！」

粋なマケドニア人、アルチノヴにこれからのキャリアの成功を願い、ヴェンツピルスへと帰って行くバスを私は見送った。

ソ連崩壊と同じくしてユーゴスラビア連邦も90年代になって崩壊。民族対立は凄惨な戦争を招き、わだかまりや緊張は戦後の今でも残っている。しかし、彼らは国外で一緒になると、民

族間の憎しみなど忘れて深い親交を結ぶことが多い。ACミランでズヴォニミール・ボバンとデヤン・サヴィチェヴィッチ、レアル・マドリードでダヴォル・シュケルとプレドラグ・ミヤトヴィッチが親友関係にあったのが良い例だ。私がベルリン取材でクロアチア人カフェを訪れた際、ヘルタでプレーするセルビア代表のマルコ・パンテリッチが普通に客として訪れていた。もちろん、国外で旧ユーゴスラビアの移民同士が反目し合う事例はあるが、基本的には言語が通じる同胞として親しくなることが多いようだ。ほんの短い時間だったとはいえ、アルチノヴとは国外で言葉が通じた分、〝同胞〟という感覚があった。これまで国外で活躍する旧ユーゴスラビア諸国のサッカー選手にインタビューしたり、母国を離れた移民の人々に出会ったりすると、彼らがどの民族かには関係なく、日本人の私に対して古い親友であるかのように振舞ってくれた。これは母国に住む人々と初めて会った際にはなかなか起きない感覚だ。

その一方で、メタルルグスのサポーターのことを振り返れば、民族とは何か、アイデンティティとは何か、と考えさせられる。クラブは近年、鉄鋼メーカーの支援によって強化されてきたわけだが、いずれラトビア人とロシア人のサポーター同士の絆が〝鋼〟のような堅さで結ばれる時代はやってくるのだろうか。

エスコートキッズにやたらと絡む、背番号「12」を背負ったヴェンツピルスのマスコット。
モデルの「シベリアオオヤマネコ」は、クルゼメ地方を中心に7000頭ほど国内に生息する。

メタルルグスの重鎮、ジルニスが試合後に穏健派の「レッド・ブルー・サポート」に挨拶。
彼らとの接触を避けた過激派の「メタル・ファンズ」は、後方にてジルニスが来るの待つ。

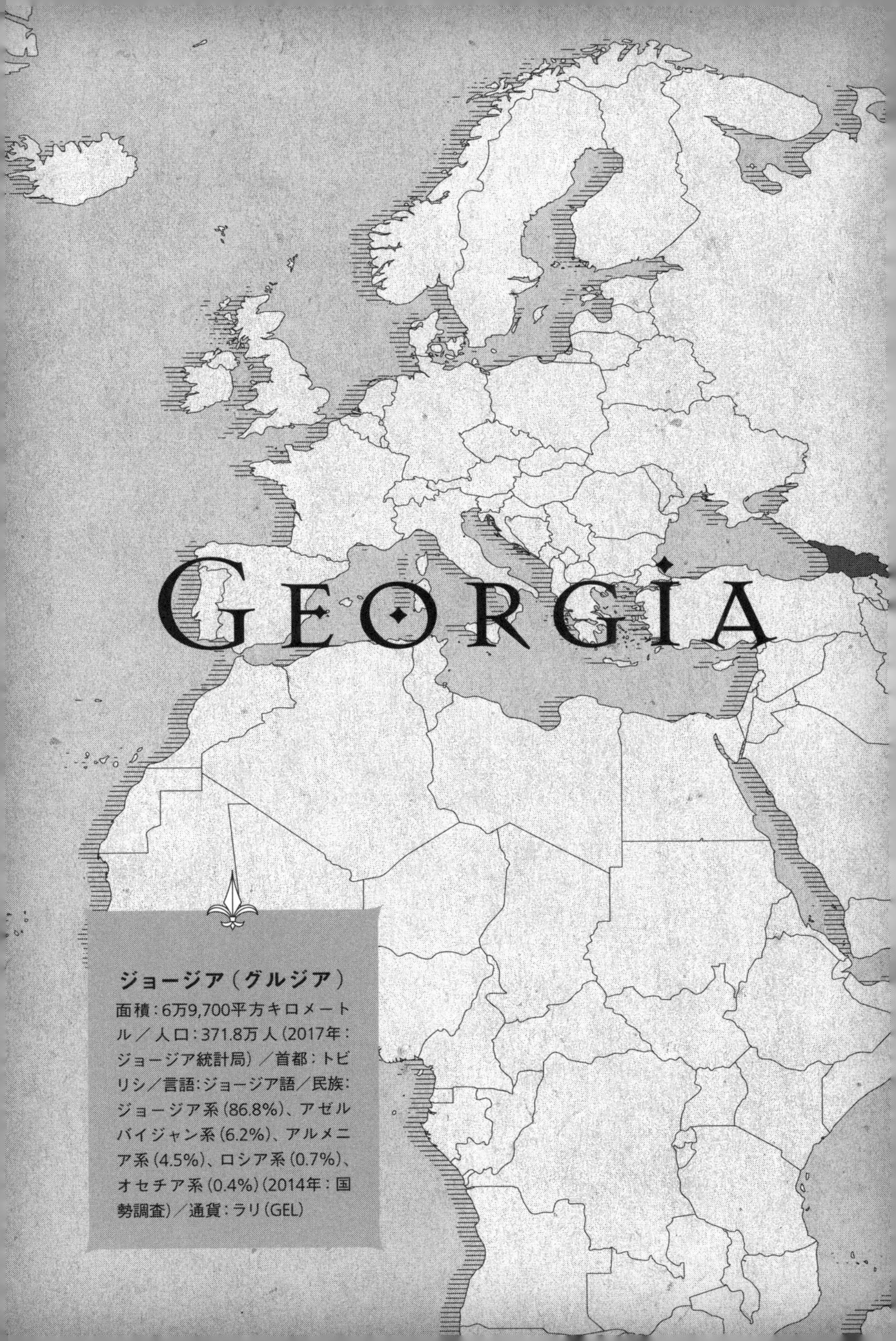

GEORGIA

ジョージア（グルジア）

面積：6万9,700平方キロメートル／人口：371.8万人（2017年：ジョージア統計局）／首都：トビリシ／言語：ジョージア語／民族：ジョージア系（86.8%）、アゼルバイジャン系（6.2%）、アルメニア系（4.5%）、ロシア系（0.7%）、オセチア系（0.4%）（2014年：国勢調査）／通貨：ラリ（GEL）

奇跡のＥＵＲＯ２０１２出場を目指す〝十字軍〟ジョージアの未来

クロアチア戦のキックオフまで残り30分。電光掲示板に１人の横顔が映し出されると、ボリス・パイチャーゼ・スタジアムを埋め尽くすサポーターのボルテージは格段に上昇した。スキンヘッドを輝かせながらベンチに１人座り、鋭い眼光でピッチを睨む。その男の名はテムリ・ケツバイア。低迷するジョージア代表を刷新した指導者だ。

「祖国のサッカー界を助けるチャンスを得られて幸せさ。戦力的にも悪くない。然るべき方法で選手を使えば、ジョージアだって優れたサッカーができるんだ」

エストニアとの親善試合に２－１で初陣を飾ると、若き監督に導かれたジョージアは１試合も負けることなく、２０１１年３月26日、ＥＵＲＯ２０１２予選の大一番となるクロアチア戦を迎えた。親善試合も含めた戦績は９戦４勝５分。引分け数は多いものの、組織化された守備で格上のカメルーン、ギリシャ相手にもドローに持ち込んだ。ケツバイアが監督就任した２００９年11月当時、ジョージアのＦＩＦＡランクは１２５位。カザフスタンやフェロー諸島よりも下位に甘んじていた国が、1年後に57位まで急浮上した。ジョージアは日本人にとって馴染みの薄い土地ではあるが、ここにも小国ならではのサッカー事情、大国相手に呻吟する国情が横たわる。

「ここの国民的スポーツ？　レスリングとラグビーさ。ジョージアは格闘技が伝統的に強く、とりわけ五輪のレスリングでは多くのメダルを獲得しているよ。ほら、相撲界にもジョージア人がいるじゃないか。栃ノ心、臥牙丸、黒海……」

トビリシ空港から宿までの運転役を買ってくれたショータは、至る所に日本語表記のある中古車パジェロの右ハンドルを握り、ジョージアの格闘技人気を熱く語り出した。彼の名前は、ミュンヘン五輪柔道無差別級で優勝し、アントニオ猪木が異種格闘技戦で唯一敗れた格闘家ショータ・チョチョシビリに由来する。格闘技については分かった。しかし、なぜラグビーが？

「憎きロシアを相手に我々が圧倒しているからさ。これまで19戦17勝なんだぜ！」

2008年、ロシアの実行支配が及ぶジョージア領内の南オセチアを巡り、両国間で戦争が勃発したことは記憶に新しい。ジョージアはスターリンの故郷でもあるが、ソ連崩壊後は独立国として反ロシアの道を歩んだ。その一方でジョージア化を拒み、ロシアの後ろ盾を得た少数民族地域が常に紛争の火種となった。南オセチアに武力介入をしかけたジョージアがロシア軍の反撃を食らい、停戦後はドミートリー・メドヴェージェフ露大統領が南オセチアとアブハジアの独立を承認。それに反発したジョージアはロシアと国交を断絶した。ラグビーはそんなジョージア国民の溜飲を下げるスポーツだ。ニュージーランド・ワールドカップ（W杯）予選を兼ねた欧州ネイションズカップでも2度直接対決を制し、首位で本大会出場を決めている（2位のロシアも通過）。

しかしながら、断交の影響はサッカーに深く及ぶ。ロシアリーグでプレーするジョージア人選手の移動に一部制限が加えられてしまったのだ。2009年初め、将来性を買われて代表招集されたFWレヴァジ・バラバーゼが、首都トビリシからアンジ・マハチカラ（当時ロシア2部）に戻る際、ジョージアの国境検査官から「君のビザでは往復を許さない」と出国を止められた。バラバーゼはマルチビザ取得までの1年間を棒に振り、アンジのフロントも彼の帰還を辛抱しきれず契約解消に至っている。名門ディナモ・トビリシでゴールを量産、2011年初めにロシア1部のヴォルガ・ニジニー・ノヴゴロドに移籍したマテ・ヴァツァーゼは、ケツバイア監督も期待を寄せるFWだ。しかし、再出入国が許されなかったバラバーゼと同ケースになるのを恐れ、クロアチア戦招集は見送られた。敵国ロシアでプレーするジョージア人は少なくなく、選手のビザひとつ取っても代表監督にとっては悩みの種となる。

失敗続きの監督招聘、代表招集を嫌う選手

「ジョージア政府はあらゆるスポーツを支援している。今年はトビリシでジュニア・ワールドラグビーが開催されるけど、それに日本代表も参加するよ。また、日本から6人のレスリング選手がジョージアに留学中と聞く。このスタジアムも立派だろ？　改修には巨額の国家予算が投じられたのさ」

試合前日のクロアチア代表の練習を取材する私に、地元テレビ局「ルスタビ2」のレポーターが誇らしげに語った。2006年に全面改修を終えたボリス・パイチャーゼ・スタジアムは全席が屋根で覆われ、無料の無線LANがどこでも繋がる。羽振りの良さはジョージア・サッカー連盟も同じ。2004年以来、連盟は高額なサラリーで知名度の高い指導者を次々に招聘してきた。アラン・ジレス、クラウス・トップメラー、エクトール・クーペル……。「我々にないサッカー観を植えつけるには外国人監督が必要だ」――だが、短絡的な外国人路線は不首尾に終わる。普段は母国にある自宅でまったりし、連盟準備のリストから代表選手をセレクト。やっとこさジョージアを訪れてチームを指揮し、試合が終われば帰国する。お雇い外国人にとっては気楽な商売だ。前任者のクーペルに至っては年俸180万ユーロを手にしながら、南アフリカW杯予選で3分7敗の最下位。親善試合を含む13試合で1勝もできなかったクー

ペルは、

「負ければ決して嬉しくないものだが、私はブルガリア戦やイタリア戦でのジョージア代表の戦いぶりにはハッピーだ」

と結果を気にせず能天気。「実力アップすら図れない外国人監督に無駄な金を投資するべきでない」――トップメラーが率い、8か国中7位に終わったEURO2008予選終了後にはそんな辛辣な意見が連盟内にも飛んだが、失敗は後任のクーペルでも繰り返された。

「それでもね、『トップメラーのサッカーは面白い』って国民は思っていたよ。しかし、選手達が彼を嫌っていたのさ。トップメラーの続投を阻止すべく、選手達は北アイルランドとの親善試合（2008年3月）で故意に手を抜き、1－4と大敗。そしてトップメラーは解任に追い込まれた。ジョージア代表が抱える問題の核心は、実は選手達の頭の中にあったと僕は思う。外国で大金を稼ぐ選手が、いざジョージア代表に戻ると『報酬が少ない』『ピッチが悪い』『キャンプが貧弱』とすかさず不満を述べる。いつも悪いムードがチーム内に漂っていた。僕達もまた、祖国のために100％の実力を発揮しようとしない選手達が不満だったんだよ」

航空管制官という本職の傍ら、サッカーブログを運営するゲオルゲは国民の真意を私に代弁してくれた。そのユーティリティさでACミランのディフェンスを10年間支えてきたジョージアの主将カハ・カラーゼ、ブンデスリーガで長年活躍する左サイドの職人レヴァン・コビアシュヴィリのように、精神的支柱たりえる存在はチームにいる。しかし、弟の誘拐殺害という悲劇に見舞われたカラーゼはジョージア政府や警察に抗議すべく、代表のプレーを拒否した時期すらあった。ディナモ・トビリシの監督在任中、臨時で2試合だけジョージア代表を率いたクロアチア人指導者イヴォ・シュシャクは、ジョージア人のメンタリティを熟知する数少ない外国人指導者だ。彼はＥＵＲＯ２００４予選でロシアに１－０で勝利し、国家勲章まで授与されている。

「ジョージアのサッカー選手達は才能に溢れているが、代表の威信には関心がない。代表は早く外国に脱出する手立てとしか考えていないんだ。そんな選手達の思考をしっかり理解し、代表に対する責任感を植えつける必要がある」

英雄が代表監督就任。選手の意識を改革

そこで白羽の矢が立ったのがジョージア・サッカー界の英雄ケツバイアだった。現役時代はエネルギッシュなＭＦとしてニューカッスルなどで活躍。２００２年、キプロスのアノルトシス・ファマグスタにコーチ兼任で復帰すると、2年後にはプレーイングマネージャーに転身し、リーグ優勝に導いた。38歳でスパイクを脱ぎ、監督専任となった翌２００８年にはプレー

オフでオリンピアコスを倒してチャンピオンズリーグのグループステージに進出。グループ最下位には終わったものの、インテルやヴェルダー・ブレーメン、パナシナイコスが同居するグループでアノルトシスは旋風を巻き起こし、最終節まで決勝トーナメント進出の可能性を残す奮闘ぶりだった。その後、オリンピアコスがケツバイアと契約するものの、サポーターとの確執が原因で短期間で辞任。自由の身となった彼にジョージア・サッカー連盟がすかさずアプローチし、説得に次ぐ説得で監督就任にこぎつけた。

「すべてのジョージア人選手にとって、代表招集が苦痛ではなく、喜びになって欲しい」

就任会見でそう述べたケツバイア監督は、まず選手の意識改革に乗り出した。国内のサッカー基盤は貧弱なため、代表メンバーは国外組に頼らざるをえない。スパルタク・モスクワでプロデビューし、ビッグクラブも注目する18歳の天才MFジャノ・アナニーゼといった新星も登場したが、限られた選手層では急速な世代交代が難しい。話は少し逸れるが、ジョージアはテクニックやドリブルに優れたサッカー選手を輩出する名門国として昔から知られていた。ソ連代表ではスピードやフィジカルに優れるロシアやウクライナの選手達に混じることで、ジョージア人選手が一種のアクセントになっていたのだ。ジョージア人初のJリーガー、サンフレッチェ広島のMFダビド・ムジリの動きを見れば一目瞭然だろう。だが、トビリシの宿で知り合ったサッカー通のジョージア人ジュラブは、この国のスタイルの傾向に疑問を投げかける。

「ジョージアのサッカー界最大の栄光は、1981年にディナモ・トビリシが果たしたカップウィナーズカップ優勝だ。しかし、30年前とジョージアのサッカー教育は変わってないことが問題なのさ。テクニックにこだわるあまり選手が走らない。現代サッカーはフィジカルや走力が問われるというのにね。兄もプロサッカー選手をやっているから事情はよく知っているよ。ここでは個人技が優れた子供ばかりが評価され、コーチはその才能にアスリート的な要素を積もうとしないのさ。ジョージア人の国民性が影響しているのだけれども、戦術的ディシプリンも欠けている。そんな選手ばかり11人が一緒にプレーしたところで……」

だからこそ、ケツバイア監督が好むのは90分間戦えるハードワーカーだ。ジョージア人の特殊なメンタリティを踏まえた上で、彼は友人のように選手達と接してきたという。中にはチームメイトとして一緒に戦ったベテランもいるが、ここぞという時にはボスとして彼らを叱咤した。チーム力に限界があろうとも強豪に勝てると選手達に信じ込ませ、試合を重ねるごとに自信を培ってきた。

「ジョージアはいつも終了間際になると集中力が切れ、つまらない失点で試合を落としてきた。しかし、ケツバイアがすべてを変えた。チームに規律と秩序をもたらしてくれたのさ。アウェイのギリシャ戦は危険な場面が何度もあったけどディフェンスが持ち堪えたし、マルタ戦はアディショナルタイムにFWダビド・シラーゼの得点で勝ち越した。仮想クロアチアとしてスロベニアに赴いた親善試合も後半の連続ゴールで逆転勝利。だけど、クロアチアがどれだけ強いかは僕達だって知っている。ジョージア勝利の可能性は１０％とはいえ、きっと面白い試合になると僕は信じているよ」

ゲオルゲは謙虚ながらも祖国の勝利に期待を寄せる。

「サカルトヴェロ！　サカルトヴェロ！」

ピッチの四方を囲んだ6万人のジョージア・サポーターから大合唱が始まった。サカルトヴェロとはジョージア語による「ジョージア」の呼称だ。かつては日本もロシア語由来の「グルジア」という呼称を使っていたが、反露感情の高さも重なって政府は「ジョージア」への変更を世界中の国々に働きかけている。スタジアムでは「サカルトヴェロ」が連呼され、白地に赤十字が五つ描かれた国旗が揺れた。シンプルながらも印象的な国旗は今から7年前、反露強行派のミヘイル・サアカシュヴィリ大統領就任に伴い、約５００年ぶりに復活した由緒ある旗。ジョージア代表のニックネームは、この国旗にちなんで「ジヴァロスネビ」（十字軍）と呼ばれる。

知将ケツバイア率いる十字軍は、ＦＩＦＡランク8位のクロアチアに堂々勝負に出た。３人のファンタジスタ、ルカ・モドリッチ、ニコ・クラニチャール、イヴァン・ラキティッチにボールを持たれても、ゴール前のパス交換やドリブルを徹底的に潰すことで決定機を作らせない。勝負は先制点が奪えず相手がじれた後半だった。クロアチアがワントップからツートップに変更したことで生じたスペースを活用し、ジョージアは鋭いカウンターを連発。そして89分、途中交代のFWオタール・マルツヴァラーゼが左サイドへ抜け出すと、1人かわして中央フリーのコビアシュヴィリにパス。ベテラン・レフティはこのチャンスを見逃すことなく、GKの裏を取ってシュートを叩き込んだ。これがジョージア唯一の枠内シュート。アディショナルタイム3分に及ぶクロアチアの猛攻を凌ぎ切り、主審のホイッスルと同時に感極まった主将カラーゼは膝まずいて両手を天へ突き出した。

歴史的勝利にジョージア国民は酔いしれた。試合後の会見場は騒然とし、「ディナモ・トビリシの欧州制覇以来の偉業だ」と表現する記者もいた。報道陣は一斉に勝どきの声を挙げ、ケツバイア監督の凱旋を待つ。盛大な拍手で迎えられた彼は、はにかみながら口を開いた。「ジョージアのサッカー界には未来がある。誰もが代表をサポートし、この国のサッカーを助けようと思ってくれているからだ。観客が失望したままスタジアムを去ることなど私は想像できなかったよ。クロアチアの方がチャンスを作ったとはいえ、最後は選手達の精神力と闘争心が勝利に導いたのさ。それこそ私が望んでいたこと。ジョージアのために戦うことに選手達は誇りを感じて欲しいよ」

ジョージアはＥＵＲＯ本大会出場に一歩近づいたはずが、ユーフォリア（高揚感）は長く続かなかった。中心選手の１人、ＭＦゴギータ・ゴグアがクロアチア戦に先発出場できなかったことを逆恨み、３日後に控えるイスラエル戦を前に代表離脱。ゴグアはトップメラーやクーペルの下でも同様のトラブルを起こした問題児だ。選手層が薄く、クロアチア戦の疲れも残るジョージアは、とりわけホームに強いイスラエルに成す術なく０－１で敗北。ケツバイア監督の無敗記録は10でストップしてしまった。

6月3日、敵地でのクロアチア戦は前半に１発のチャンスを活かして先制したものの、後半に守り切れず逆転負け。予選は残り３試合。混戦中のグループで望みはあるが、２位通過は厳しくなってきた。それでもケツバイア監督は希望を捨てない。

「予選の戦いは最後の最後まで試練が続くだろう。難しい課題だが、本大会進出を考えてないと言えば嘘となる。私は祖国を大舞台に連れて行き、そこで自分のチームを見てみたいんだよ」

たとえジョージアがＥＵＲＯ２０１２本大会に出場できなくとも、この予選は史上最大の成功に終わるだろう。ケツバイア監督が芽生えさせた代表への威信はいずれ花開く時が来る。それが２０１８年のロシアＷ杯だったとしたら、と私は想像を逞しゅうする。

2006年に全面改修したジョージア政府所有の「ボリス・パイチャーゼ・スタジアム」。54,549人収容。
ディナモ・トビリシで活躍した名選手の名前が付いているが、独立前はレーニンの名を冠していた。

ジョージア代表を率いるケツバイア監督（当時43歳）。現役時代もスキンヘッドがトレードマークで、
1997年のCLプレーオフでは延長終了間際にゴールを決め、ニューカッスルを初のCL本大会に導いた。
奇しくも相手はディナモ・ザグレブ。私にとっては初の海外観戦で、人生を変える試合にもなった。

「ジョージア対クロアチア」は東日本大震災から15日後に開催されたこともあり、選手入場時には両チーム全員が日本を応援するメッセージシャツを着た。右は主将カラーゼ、左はGKレヴィアシュヴィリ。

ロシアの軍事的支援でジョージア国内の南オセチアとアブハジアが事実上の独立状態になっており、サポーター達は試合中に「ジョージア国土の20%が占領されている」と非難の横断幕を掲げていた。

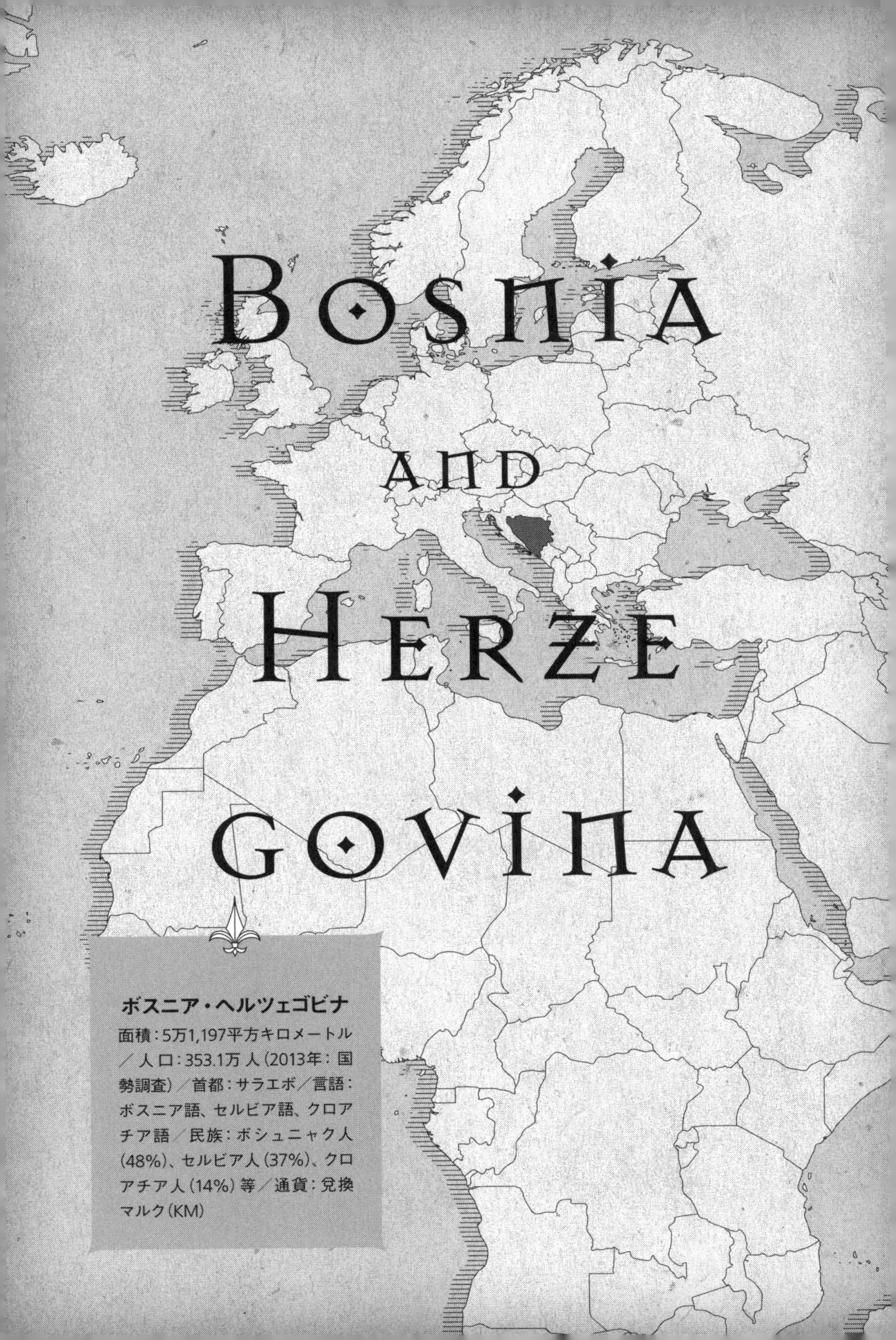

BOSNIA AND HERZEGOVINA

ボスニア・ヘルツェゴビナ

面積：5万1,197平方キロメートル／人口：353.1万人（2013年：国勢調査）／首都：サラエボ／言語：ボスニア語、セルビア語、クロアチア語／民族：ボシュニャク人（48%）、セルビア人（37%）、クロアチア人（14%）等／通貨：兌換マルク（KM）

オシムの目に涙。ボスニア、4度目の正直でW杯初出場

紅葉に色づくカウナスの街は、青色と黄色、そしてサポーターの歌声があふれていた。念願のワールドカップ（W杯）初出場まであと一歩。ギリシャとは勝ち点で首位に並んでいるものの、敵地リトアニアで勝利すれば、ギリシャに得失点差で大きく上回るボスニア・ヘルツェゴビナ（以下、ボスニア）のブラジル行きが決まる。

「ボスニアのために悲しみ、ボスニアのために喜ぶ。ボスニアは俺の人生の一部。ボスニアよ、お前はチャンピオンだ！」

収容8248人のダリウス・アンド・ギレナス・スタジアムに集まったボスニア・サポーターはおよそ4000人。当初は小都市マリヤンポレで開催する予定だったものの、ボスニア・サッカー連盟が「サポーターがスタジアムに収まりきらない」と、リトアニア・サッカー連盟

に変更を申し入れていた。

ビール片手にカウナス中心部で盛り上がるサポーターに居住国を尋ねると、ドイツ、スイス、スウェーデン、オーストリアといった外国ばかり。「ガスタルベイテル」（外国人労働者）として戦前のユーゴスラビアを離れた者、90年代のボスニア紛争で難民として国外に逃れた者、その2世や3世がアウェイの地におけるボスニア・サポーターの中心だ。ムスリム人、セルビア人、クロアチア人の3民族による闘争に明け暮れたボスニアはいまだ経済的困難に喘いでいるが、遠く離れた祖国への愛情を結晶化する絶好の機会こそ代表のサポートなのだろう。そしてボスニア代表を応援するのは、もっぱらムスリム人ばかりだ。

オシムの尽力、取り除かれた膿

攻撃陣のタレントを輩出し続けるボスニアがこれまで大舞台と無縁だったのは、「チャンスの神様」の前髪を捕まえきれなかったためだ。ＥＵＲＯ２００４予選の最終節、ブラジュ・スリシュコビッチ監督率いるボスニアは、首都サラエボのコシェヴォ・スタジアムに首位デンマークを迎えた。ＭＦハサン・サリハミジッチ、ＭＦセルゲイ・バルバレス、ＦＷエルヴィル・ボリッチらを擁し、勝利をもぎ取れば本大会出場を決めることができた。しかし、満員のサポーターの後押しも実らず、早い時間帯の失点が重荷となって1－1のドロー。出場枠をデンマークにあっさり譲ってしまった。

それから6年後、新たな指導者の下でボスニアは再びチャンスを迎える。愛国主義をうたい、クロアチアをフランスW杯で3位に導いたミロスラフ・ブラジェヴィッチ監督は、ボスニア出身のクロアチア人だ。彼の監督指名は波紋を呼んだが、ユーモラスでエキセントリックな発言でメディアの寵児になり、ボスニア代表をカルト的な人気にまで持ち上げた。相性の悪いコシェヴォではなく、収容の少ないゼニツァのビリノ・ポーリェ・スタジアムを予選で使い続けたのも彼の時代から。FWエディン・ジェコ、FWヴェダド・イビシェヴィッチ、MFズヴェズダン・ミシモヴィッチが攻撃の核となり、全勝のスペインに次ぐ2位でプレーオフ進出。しかし、抽選で引いた相手が悪すぎた。クリスティアーノ・ロナウド抜きのポルトガルに0－1のスコアで連敗し、南アフリカ行きは夢に終わった。

後任に選ばれたのが現監督のサフェト・スシッチ。「20世紀におけるボスニア最優秀プレイヤー」にも選ばれた彼は前任者と違って物静かなタイプだが、選手時代のカリスマ性でチームをまとめ上げていった。

しかしながら、EURO2012予選を戦うボスニアの障壁になったのが国際サッカー連盟（FIFA）と欧州サッカー連盟（UEFA）だ。ボスニア大統領職と同じく、会長職も3民族による3人体制であることを問題視し、ボスニア・サッカー連盟に資格停止処分を科したのが2011年4月のこと。直後に発足した正常化委員会の座長（事実上の会長代行）に就任し、祖国を救おうと立ち上がった人物が元日本代表監督のイヴィツァ・オシムだった。

彼はFIFAとUEFAが要求する「会長1人制」導入に尽力し、処分解除に導くだけでなく、サッカー連盟内に蔓延する膿を取り除こうと1年半にわたって身を粉にして働いた。師弟関係にあるスシッチ監督の相談役にもなり、ボスニアは予選後半の4連勝で首位フランスに勝点差1まで肉薄する。最終節はスタッド・ド・フランスでの直接対決。前半にジェコのゴールでボスニアが先制し、本戦出場を一度は手中に収めたはずが、76分に主将のDFエミール・スパヒッチが不注意でサミル・ナスリを倒してPKの判定。このミスが致命傷となった。プレーオフの相手はまたしてもポルトガル。ホームでは0－0で引分けたものの、リスボンで2－6と粉砕され、ボスニアの人々は己の運のなさを呪った。

「助けてくれ、チトー。もし貴方が神をご存知ならば」

カウナスの会場には、ムスリム人が今でも敬愛する「ユーゴ連邦の父」へのメッセージも掲げられた。また試合日はイスラム教徒の祝祭日「犠牲祭」だったこともあり、信者は早朝からアラーに祈っている。４度目の正直ともいえる今予選は「どの試合もプレッシャーがかかる闘い」（オシム）だった。

最大のライバルと目されたギリシャとは1勝1分。２０１３年9月に地元でスロバキアに敗れたのは誤算だったが、４日後には敵地でスロバキアに逆転勝ちするなどチームに精神的な成長も見られた。ブラジル行きを目前にサポーターが高揚する一方で、選手たちは至って慎重。なにしろ過去の苦い記憶がある。試合前から勝利を確信することなどないよう、サッカー連盟はサラエボ空港を封鎖させ、サポーターに深夜の歓迎を慎むよう告知したほどだ。

ギリシャは最終戦でグループ最下位のリヒテンシュタインと対戦するだけに、ボスニアはリトアニアに勝たねばならない。チャーター機で試合当日にカウナスに到着したオシムと私は2年ぶりの再会を果たしたが、いきなりオシムに結果予想を尋ねられた。「１－０で充分ですよね」と返答すると、ニヤリとしながら「リトアニアだって１－０で充分だ」。リトアニア戦がどれほど難しい試合になるか、彼もまた分かっていた。

圧倒的に攻めるボスニアに対して、ゴール前に「ブンケル」（塹壕）を作るリトアニア。ジェコとイビシェヴィッチの強力ツートップは今予選でこれまで17得点を叩き出しているが、クロスボールに両者が交錯して口論する場面が見られるなど、先制点を奪えぬボスニアは神経質な状態に陥っていた。MFミラレム・ピャニッチは9分と30分に得意のFKを放つも、続けてGKギエドリウス・アルラウスキスの好守に阻まれた。もどかしさの残る前半だったが、ハーフタイム後の「ズマイェビ」(「竜」という意味のボスニア代表の愛称)は冷静さと辛抱強さを取り戻していた。

ボスニア国家における最大の快事

「超守備的なチーム相手に解決策を見つけるのは難しかったが、ゴールを決められる瞬間があることは分かっていた。それだけの選手たちがチームにいるのだから」(スシッチ監督)

その瞬間は68分に訪れた。ジェコが左サイドをするりと突破し、中央に折り返したボールにイビシェヴィッチが右足で合わせる。ゴール直後のイビシェビッチは喜びの表情を作ることなく、重圧から逃れたような放心状態になった。ゴール裏の一角を占める急進的サポーター「ファナティコス」は待っていたかのように横断幕を掲げる。

「ブラジルよ。お前たちのところにBHF(ボスニア・ヘルツェゴビナ・ファナティコス)がやって来る」

アディショナルタイムを含む25分間を凌ぎ、主審の終了を告げるホイッスルが鳴ると、ボスニア代表の面々がピッチ中央になだれ込んだ。10年前のデンマーク戦を今のチームで唯一知る主将スパヒッチは男泣きし、ファナティコスから受け取ったボスニア旧国旗を片手にひざまずいてピッチにキス。メインスタンドのＶＩＰ席に目をやると、感極まったオシムがハンカチで目頭を押さえていた。

建国から21年。ボスニア国家における最大の快事に、本国や隣国のセルビア人やクロアチア人からも少なからず祝福の声が届いている。ボスニア代表は3民族の選手が混じる統一チームだが、サポーターの3民族統一までは不可能だ。だが、もしやＷ杯出場を機に「何か」が変わるかもしれない。それもポジティブな方向に。

「我々は学びに行くためにブラジルへ行くのではない」（スシッチ監督）

いよいよ次は、ボスニアという国を世界にアピールする大舞台だ。

W杯出場が懸かったリトアニア戦を前に、カウナスの街を大行進するボスニア・サポーター『ファナティコス』。

苦しい展開のリトアニア戦だったが、68分にイヴィシェヴィッチ（9番）が決勝ゴールを挙げ、抱擁し合う選手達。

ボスニア敗退。現実になったオシムの危惧

戦前の1989年に発表されたディノ・メルリンのヒット曲〝Bosnom behar probeharao〟(『ボスニアに花が咲いた』)のサビ部分は、ボスニア・ヘルツェゴビナ(以下、ボスニア)のサポーター間で歌われる人気の応援歌だ。

「ボスニアに花が咲いた。私は自分の人生に失望した。あちこちで花は彼女のように香るが、私は溜息をついている」

同郷サラエボのイヴィツァ・オシムも好んで聴くという国民的歌手は、こう首を傾げる。

「なぜサポーターがこの歌を選んだのか私も説明できないよ。勝利を祝う際にも歌われるが、元はといえば私の人生が全くバラ色じゃない頃に制作したのだから」

ワールドカップ(W杯)初出場を契機に新たな応援歌が次々に作られても、やはりサポーター

が好んで歌うのは25年前の失恋ソングとなる。相反する感情が常に同居する「アンビバレント」(二律背反）なボスニア気質が顕著に現れた一例だ。

それだけにボスニアの人々の「愛情から憎悪」「賞賛から批判」（もしくはその逆）の移り変わりも極めて早い。ボスニア代表がW杯出場を決めたのは2013年10月。到着が深夜3時だったにもかかわらず、凱旋したチームを5万人以上のサラエボ市民が歓迎した。しかし、国家的偉業に酔いしれるのも束の間、サフェト・スシッチ監督は袋小路に迷い込んだ。W杯仕様のチーム作りが上手くいかず、その後のテストマッチで連敗が続く。

未曾有の災害を機に再び彼らは一枚岩となった

最大の緊張を迎えたのは2014年3月のエジプト戦。故障明けで前半のみの出場予定だったFWエディン・ジェコに対し、スシッチ監督は一方的に両者間の約束を破って90分間酷使。その事情を知らずにエースストライカーの不出来に怒るサポーターから「ジェコ、出て行け!」と合唱されたことで彼は深く傷つき、試合後は実父がスシッチ監督を怒鳴りつけた。

更にスシッチ監督は「手薄なボランチを強化する」という名目で、本来は攻撃的MFである甥っ子のティノ=スヴェン・スシッチを縁故招集。彼の父で監督の実兄セアドが代理人を務めるMFアネル・ハジッチも新加入した。その犠牲として、不遇の時代を一緒に支えた仲間が代表から弾かれたことで、主将のDFエミール・スパヒッチは監督と対立する。世論は「スシッチは無能」「選手達が傲慢」と矢継ぎ早に糾弾を始め、チームは制御不能になりかけていた。

風向きが変わるきっかけは、5月中旬に襲った水害だった。記録的な集中豪雨によりバルカン半島各地で大洪水が発生し、ボスニアも北部を中心に100万人以上が被災してしまう。北部の都市グラダチャツで予定されていた壮行試合（対ボスニアU－21代表）は開催が危ぶまれたが、チャリティーマッチに趣意を変えて決行。バスで移動したズマイェビ（「竜」を意味する代表の愛称）の1人ひとりが被災地を目にし、決意を新たにしたことだろう。スタジアムを埋め尽くしたサポーターもボスニア国歌を静かに聴き、演奏後は清らかな拍手を送った。今は溜息をつく暇はない。未曾有の災害を機に再び彼らは一枚岩となったのだ（ムスリム人、セルビア人、クロアチア人で構成される同国家でボスニア代表を応援するのはもっぱらムスリム人だが、彼らは3民族を配慮して作られた新国歌を好まず、国歌演奏の際にはメルリンが作詞したムスリム人によるムスリム人のための旧国歌を声で被せるのが慣例）。

救世主となった21歳のボランチ

ボランチ探しに難航するスシッチ監督にとって新たな救世主になったのが、21歳のムハメド・ベシッチだ。ベルリン生まれのボスニア移民2世である彼は、2010年11月のスロバキア戦でMFミラレム・ピャニッチの記録を塗り替える最年少代表デビューを果たす。しかし、素行の悪さがたたってハンブルガーSVを退団したあげく、U-21代表監督ヴラド・ヤゴディッチと馬が合わず同カテゴリーの招集を拒否したため、スシッチ監督はベシッチを完全に構想外に追いやっていた。

しかし、都落ちしたフェレンツバロシュ（ハンガリー）で輝きを増し、本職のストッパーに加えて右サイドバック、そしてボランチもこなせる彼こそ、これまでボスニア代表の屋台骨を支えてきた「エルヴィル・ラヒミッチの後継者」と考える意見は少なくなかった。半ば世論に押される形でスシッチ監督はベシッチを代表復帰させたが、それが功を奏する。

「私はベシッチをストッパーとして呼んだわけじゃない。誰かがメッシを止めるとしたら、彼がそのタスクをこなせるだろう」

5月5日にW杯メンバー候補24名を発表した際、おそらくスシッチ監督は「今更感」を打ち消そうと大袈裟に語ったと思う。ベシッチ本人も「招集は予想してなかった」と驚いたが、

「24番目の選手」の彼こそラストピースであることを合宿中に確認した指揮官は、予選の4－1－3－2システムを放棄。出足が速く守備力も高いベシッチをボランチの一角に据えた4－2－3－1システムに変更した。これにより攻守のバランスが急激に改善されたボスニアは、コートジボワールとメキシコを開幕前の親善試合で撃破。ようやくチームも自信を取り戻した。

アルゼンチン戦前日。W杯を待ち焦がれていたスパヒッチは、フェイスブックを通してサポーターにメッセージを送った。

「キャプテンとして勝利やグループステージ突破は約束できないが、最高の舞台でボスニア・ヘルツェゴビナを世に知らしめるべく、選手全員が全力を尽くすことは約束する。洪水の被害者に対する思いは特別だ。国民と一緒に味わったすべてのことが『ブラジルでより良い結果を残そう』という選手達のモチベーションになっている。我がボスニア・ヘルツェゴビナのため一致団結しよう！」

数で圧倒するサポーターを背にしたアルゼンチンに対し、ボスニアは臆することなく上々のW杯デビューを果たした。開始直後は浮き足立ってオウンゴールを献上するも、ピャニッチを中心に決定機を演出。シュート数でアルゼンチンを上回る。一瞬の隙からリオネル・メッシに振り切られた2失点目のシーンを除けば、走行距離12・271kmを記録したベシッチは「新発見」たる働きぶりだった。

「地球表面の71パーセントは水で覆われているが、残りの29パーセントはムハメド・ベシッチが覆っている」

FWヴェダド・イビシェヴィッチのゴールで1点差まで肉薄した大健闘にサポーターは歓喜し、メッシをピッチ上から消したニューヒーローをこのように大絶賛した。だが、ご意見番としてサラエボに残るオシムはもっと哲学的で現実的だ。


「ベシッチがあのようにプレーすることでボスニアがメッシ封じを試みた代償として、アルゼンチンもベシッチ封じに成功していたことを頭に入れておかねばならない。すなわち、実際の我々は1人少なく戦っていた。いかなるマンツーマンも自分の選手を1人失う状況を作り出してしまう」

「もしや、サポーターの反応はポジティブを超越したものかもしれない。だが、試合に負けたのに肯定的になる癖は必要ないのだ。この敗北から何かを引き出さなければならない。常に危険が潜んでいる」

「我々のメンタリティはアウトサイダー向きで、本命の立場には合わない。アルゼンチン戦は失うものがないという点で一番楽な試合だった。だが、残るナイジェリア戦とイラン戦は大きなものを失う可能性がある。だから、選手達は地に足を着けなければならない」

オシムの危惧は現実になった。

ナイジェリアとの第2戦。ボスニアの選手達は開始直後からクイアバの熱帯気候に加えて、本命としての重圧に苦しんだ。21分、ジェコの先制ゴールが決まったと思いきや、オフサイドの判定。その後は脆弱な左サイドを攻略され続け、29分にFWエマニュエル・エメニケの突破からMFピーター・オデムウィンギに先制点を決められてしまう。

後半に入ってスシッチ監督は交代カードを切り続けるも、甥っ子を出す以外はろくなゲームプランを準備していなかった。棒立ちになる選手ばかりの中、1人走り続けたベシッチも冷静さを欠く。そして終了間際のジェコのシュートもポストを叩き、ホイッスル。ボスニアのグループステージ敗退が早くも決まった。今はメディアやサポーターが審判を叩くことに必死だが、いつも彼らが最後に呪う対象は自分の運命になる。

「ボスニアに花が咲いた。私は自分の人生に失望した。あちこちで花は彼女のように香るが、私は溜息をついている」

あっけなくボスニアは散った。イランとの最終戦を迎える彼らの心境は、まさにこの歌に凝縮されている。

ボスニア代表がW杯出場を決めた直後、ハンカチで涙を拭うオシム。彼が公の場で泣くことは滅多にない。

フラッグを手にW杯出場を喜ぶスシッチ監督（中央）。オシムの弟子であり、パリ・サンジェルマンの伝説的名手。
写真右の人物がジェコの父親ミドハドで、のちに親善試合での息子の起用を巡ってスシッチ監督と大喧嘩する。

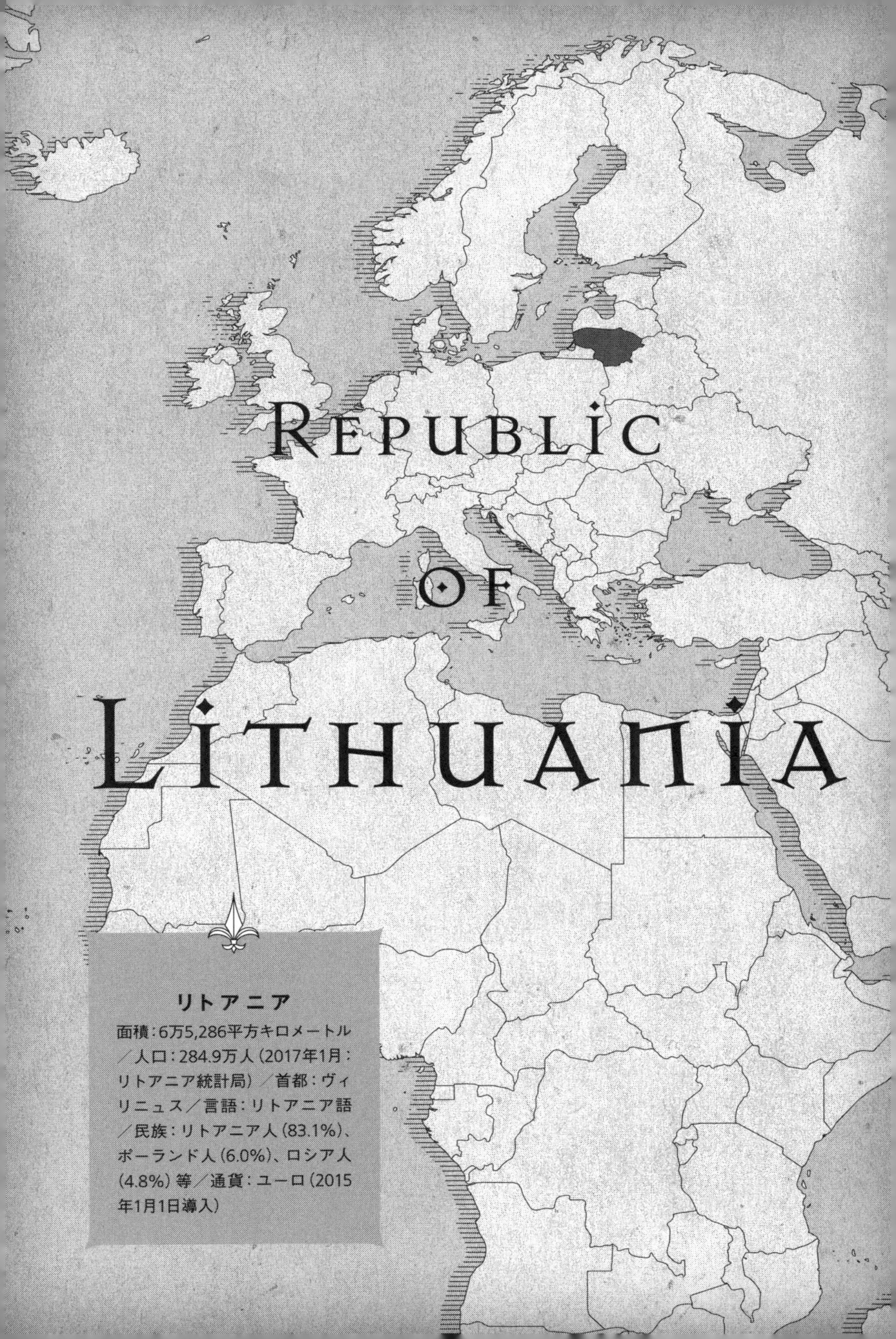

REPUBLIC OF LITHUANIA

リトアニア

面積：6万5,286平方キロメートル／人口：284.9万人（2017年1月：リトアニア統計局）／首都：ヴィリニュス／言語：リトアニア語／民族：リトアニア人（83.1%）、ポーランド人（6.0%）、ロシア人（4.8%）等／通貨：ユーロ（2015年1月1日導入）

バスケ大国リトアニアにサッカー文化は根付くのか

私はこんな噂話を何度も耳にした。

「リトアニアの子供は誰もがバスケ選手に憧れるけど、身長が足らないとサッカーに転向する」

ひょんな理由でクロアチアからリトアニアに移り住み、そろそ3年が経つ。サッカーは欧州の津々浦々で拡大を続けるスポーツだ、という確信めいた認識はこの国で脆くも崩れ去った。移り住んで間もなく、契約したケーブルテレビのスポーツチャンネルからセリエA中継が消え、バスケリーグの再放送が繰り返された。今度はブンデスリーガの生中継が打ち切り。首都ヴィリニュスに完成するはずの国立スタジアムは、デベロッパーの持ち逃げもあって資金が底を突き、ショッピングモールの横で鉄骨剥き出しのまま吹き曝しになっている。

私が初めて取材したリトアニア代表戦は、EURO2012予選のスペイン戦。同国第2の都市カウナスのスタジアムも廃墟同然で、河川敷のような土のグラウンド状態にビセンテ・デル・ボスケ監督は「サッカーがやれる水準にない」と嘆いた。試合の1時間前に現れたシャビやアンドレス・イニエスタ、セルヒオ・ラモスやフェルナンド・トーレスといったワールドクラスが、まるで珍品を嗜むかのようにグラウンドの感触を確かめていた光景を今でも思い出す。

それでも私はこの国におけるサッカーの残像を探し求めた。ＥＵに加盟してもなお旧ソ連の「負の遺産」を引きずり（彼らは何でもロシアのせいにする）、内向的で消極的な性格のリトアニア人は自殺率世界１位の座を常に競っている。取材現場では同業者やスタッフに冷たくあしらわれ、今日まで私はリトアニア人の知己を１人も得ていない。覚え立てのリトアニア語で挨拶しても無視され、撮影妨害など嫌がらせも味わった。

同じバルト３国でもラトビアやエストニアでカメラのレンズを向ければ、観客席の誰もが笑顔でポーズを取ってくれたはずが、リトアニアでは見て見ぬふり。非日常の空間であるべきスタジアムで日常を感じると、これまた私を陰鬱にさせた。ＥＵＲＯ２００４に出場したラトビア代表、ＥＵＲＯ２０１２予選でプレーオフに勝ち進んだエストニア代表と比べると、リトアニア代表は大舞台にかすりもしないのに。

ああ、そういえばリトアニアにも「チャンピオンズリーグ」の優勝者がいる。国民的英雄のジドルーナス・サヴィツカス。聞いたことがない？　なぜなら彼はサッカー選手ではなく、ストロングマン（怪力コンテスト）の帝王だからだ。

人口300万人の小国において、キリスト教に次ぐ「第2の宗教」と崇められるのがバスケットボールだ。独立回復直後のバルセロナ五輪以来、男子代表は5大会連続で五輪準決勝に進出（うち銅メダル3回）。NBA所属の選手も多く、2013年の欧州選手権でも準優勝に輝いた。「興味があるスポーツは？」という国民調査では、半数以上の53・4％がバスケットボールを挙げ、二位のサッカー（8・6％）を大きく引き離している。

両スポーツにおける格差はアリーナを訪れれば歴然だ。ヴィリニュスには最新鋭のシーメンス・アリーナ（収容1万1000人）があるし、カウナスにも2011年の欧州選手権の決勝会場としてジャルギリス・アリーナ（収容1万6000人）が新設。両都市間の対決とあらば、アリーナは熱狂的なファンで満員になる。サッカー1部リーグ「Aリーガ」の平均観客が700人に満たないことを考えれば、インフラや人気度は雲泥の差だ。

名門や新興に限らず、サッカークラブの消滅は珍しい話じゃない。1999年から9年間で8度の優勝を果たしたFBKカウナスは、リトアニア・サッカー連盟長（当時）リュータウラス・ヴァラナヴィチュースの判断で2009年に3部へと降格させられた。

カウナスの事実上のオーナーは、リトアニア初の民間銀行「ウーキョ・バンカス」を中心とする巨大投資グループを立上げたロシア系実業家ウラジミール・ロマノフ。彼とサッカー協会は癒着関係にあり、サッカー連盟長もウーキョ・バンカスの最高経営責任者を兼業していた。しかし、両者は対立。理由は「カウナスが2位に終わったのは協会が選んだ審判が原因」と考えたロマノフが、リーグ連盟独自の審判人選を画策したためだ。

怒ったロマノフはカウナスのスポンサーから撤退し、財政難に陥ったクラブは一時消滅した。スコットランドの名門ハーツを買収し、リトアニアの選手やコーチを送り込むなど「スコットランドのアブラモヴィッチ」として〝ロマノフ〟王朝を築いた彼も、近年は経営の失敗からウーキョ・バンカスが閉鎖され、自己破産に追い込まれている。

ちなみに後任の連盟長ユリュース・クヴェダラスは、経理責任者だった愛人と結託して協会予算から2000万円近くを横領。リゾートマンションや高級車、ハーレーダビッドソンの支払いに充てた疑惑で有罪判決を受けつつ、現職に居座り続けている。サッカー後進国としてインフラや育成、更には事務所建設にまでFIFAやUEFAから億単位の資金援助を受けてきたのに、連盟のトップがこれでは先が思いやられる。

戦術面でのレベルは決して低くないAリーガ

「ラトビアやエストニアのクラブと比べると、リトアニアのサッカーはより戦術的だ。もしかすると、バスケットボールに近い感覚があるかもしれないね」

セルビア人の左SBドゥシャン・マトヴィッチがFKエクラナスに加入したのは2008年。人口11万人の中都市パネヴェジースに本拠地を置く同クラブは、カウナス去りし後に黄金期を迎え、同年からリーグ5連覇を重ねた。バルトのクラブ同士が戦う「バルティックリーグ」が2007年に新設され、スタイルや実力が測れるようになった（ただし、リーグは4シーズンで消滅）。ラトビアの強豪スコント・リガと準々決勝を戦ったマトヴィッチは、4年目の挑戦となるAリーガをこう評価する。

「少しずつレベルは上がっているのは肌で感じているし、上位陣だったら私の祖国のクラブが相手でも良い勝負をするだろう」

名門パルチザン・ベオグラード出身の彼に話を訊いた2011年、エクラナスはチャンピオンズリーグ予選3回戦でBATEボリソフ（ベラルーシ）に善戦。続くヨーロッパリーグ（EL）のプレーオフでもハポエル・テルアビブ（イスラエル）に本拠地で1-0と勝利した。マトヴィッチ自身もその年の夏にイロニ・キリヤット・シュモナに移籍し、1年目でイスラエルリーグ初優勝に貢献。彼はAリーガを踏み台に成功した数少ない外国人選手といえる。

実はブラジル代表のMFパウリーニョもAリーガ出身だ。17歳の若さで複数のブラジル人と一緒にリトアニアへ連れられ、既に消滅したFCヴィリニュスでプロデビューを果たした。

「私にとってリトアニアは初めてのヨーロッパだったが、人種差別という恐ろしい問題に見舞われた。サポーターが猿の鳴き真似をし、硬貨をぶつけられたんだ」

パウリーニョは2013年にコリンチャンスからトットナム・ホットスパーに移籍し、再び欧州へと渡った際、リトアニアでの悲しい過去を英国紙に告白している。

「最初はどう思われるか怖かったんですけど、ジャルギリスのサポーターは優しかったですよ。あんまり仲良くしてくれないかな、という感触もあったのですが、みんな声をかけてくれて。例えば、僕が試合に出ていない時も『お前は上手いから大丈夫』と誰もが言ってきてくれました」

2013シーズンのAリーガで唯一の日本人としてプレーしたMF金井拓也は、サポーターと幸福な関係を結んでいる。大阪学院大学サッカー部所属の彼は英語に磨きをかけ、2012年秋に好成績者による交換留学制度を利用し、オランダのフォンテンス応用科学大学に入学。文武両道で海外挑戦を実現させた稀有な22歳の若者だ。

「オランダのアマチュアクラブでプレーするうち、VVVフェンローやドイツ3部でやっていた元プロ選手のキャプテンが僕を認めてくれ、代理人を紹介してくれたんですね。『プロを目指したいんだけどチームを紹介してくれないか?』とコンタクトを取ったら、『1月半ばからジャルギリスがキャンプを張るんで行ってくれ』と返事が来ました」

金井が留学先としてオランダを選択したのは、プロへのラストチャンスを掴むためでもあった。しかし、行き先は予想しなかったリトアニア。それまで「ジャルギリス」という名前を耳にしたことは一度もなかったが、「当たって砕けろ」の精神で挑戦することを決意した。それでも、リトアニアに渡った当初はカルチャーショックも感じていた。

「キャンプに行ったら最初はチームメイトが全然優しくなかったんですね。オランダをはじめ西欧だったら普通に握手するじゃないですか。リトアニアではそんなことなくて最初は慣れませんでした。でも、その後は仲良くしてくれましたよ」

1か月にわたる長いテストだったが、柔らかいボールタッチと機敏性を活かしながらアピールを重ね、ポーランド人のマレク・ズブ監督から高評価を得て見事合格。2月下旬に金井は晴れて人生初のプロ契約を結んだ。シーズン開幕を告げるエクラナスとのスーパーカップに途中交代で出場し、公式戦デビューと初タイトルを手にした彼は、リトアニアのスタイルをこう考えている。

「日本と比べたらサッカーも違うから何とも言えないんですけど、技術やボールコントロールは日本のほうが優れていると思います。ただ、やっぱり日本にはない、例えばフィジカルとか厳しさとかはあるかなと思いましたね。『巧いと言っても何が巧いのか？』というのはあるじゃないですか。日本人だったらボール扱いやトラップが巧いと言われるけど、ヘディングで競り勝つのも、激しくスライディングでボールを奪うのも巧さ。だから、日本と比べてもあまり答えようがないですね」

ポーランド・リトアニア連合軍がドイツ騎士団に勝利した15世紀の戦闘にちなみ、「ジャルギリス」（世界史に登場する「タンネンベルク」の戦いのリトアニア語読み）と命名されたバルトの古豪は、栄光と波乱の歴史を歩んできた。首都ヴィリニュスに１９４７年創立されたFKジャルギリスは、リトアニアのクラブで唯一、旧ソ連のトップリーグでプレー。創立50周年に史上最高のリーグ3位、更に同年のユニバーシアードにはソ連代表の代わりに出場し、見事金メダルに輝いた。

リトアニア独立回復後は3度のリーグ優勝を達成したものの、名門だろうと容赦なく災難が降ってきた。おざなりな経営に終始していた青年実業家ヴァディマス・カストゥイェヴァスがモスクワで脅迫の疑いで逮捕され、チーム関係者への給与支払が停止したのが２００８年。クラブは存続の危機に立たされる。翌年2月、ジャルギリスの選手とコーチ、サポーターの「ピエトゥーⅣ」が自らの手で市民クラブ「ＶＭＦＤジャルギリス」を新設。クラブ名を守るために敢えて別組織を立ち上げたのだ。

特例で２部リーグからスタートし、１部への昇格を果たした２０１０年は3位に食い込む。２０１２年には王者エクラナスと勝点差１まで縮めて２年連続２位となり、エクラナスとのカップ戦決勝はＰＫ戦で勝利の女神が微笑んだ。苦楽を共にしたチームとサポーターは一枚岩で、金井が温かく迎えられたのも頷ける。

「私は離婚して子供もいない。でも今はジャルギリスという大家族を持っているわ。孫すらもね（笑）」

クラブを切り盛りするヴィルマ・ヴェンスロヴァイティエネは、日本だったら「美しすぎる会長」と呼ばれるだろう女傑だ。ウーキョ・バンカスのスポーツ部門でスコットランドやベラルーシ、更にはドイツのクラブでマネジメント経験を積んだ彼女は、ジャルギリス復活のプロジェクトに招かれた。

ヴィリニュス市から多額の予算を取り付け、コミュニティ重視の安定経営に努める彼女の下、慢性的な給与未払いはジャルギリスで発生していない。短絡的で頼りなさげなリトアニア男性と一線を画すヴィルマ女史は、今日もメインスタンドの屋根の上で１人、煙草を吹かしながら家族と戦況を見守っている。

リトアニア・サッカーが発展するために必要なこと

「身長が足らないとサッカーに転向するという噂はおそらく本当だろうね（笑）。リトアニア人には『なぜバスケ選手にならなかったのか？』ってよく尋ねられたよ」

身長195㎝のCBルカ・ペリッチは、ジャルギリスで最も背の高いプレイヤーだ。毎年補強されるクロアチア人選手の中でも2011年夏に加入した最古参。最終ラインの壁となり、Aリーガのベスト11にも選出された。彼にとって3年目となる2013シーズン、王者エクラナスが財政難で主力を手放したこともあり、ジャルギリスが開幕から首位を独走した。「僕が来てからの2年間、チームの骨格はしっかりと維持しながら、必要なポジションに補強選手を加えてきた。それが今季の強みだと思う」

2013年のジャルギリスは新たなクラブ史を刻んでいた。上半期にスーパーカップとカップ戦を制覇。夏のEL予選では1回戦から勝ち進んで、3回戦でポーランドの強豪レフ・ポズナニをなぎ倒した。プレーオフでレッドブル・ザルツブルク（オーストリア）の軍門に下ったものの、ペリッチは歴史的偉業をこう振り返る。

「ジャルギリスが好チームであることを証明したし、僕達を取り巻くムードは素晴らしかったよ。〝ヨーロッパ〟での成功は、僕のこれまでのキャリアで最高のものさ」

ジャルギリスの成長を彼自身が感じる中、「今後のリトアニア・サッカー界は発展するか？」の問いには率直な答えが返ってきた。

「将来は良い方向に進む可能性はあるが、結局はこの国がサッカーに投資しなくてはならない。スタジアムは必要だし、スクールも必要だ。育成こそ最重要だからね。リトアニア人選手はフィジカルに優れているものの、技術面や戦術面で少し遅れている。創造性もやや乏しい。ここに来て気づいたのは満足なスクールがないこと。バスケットボールが成功しているのも、より大きな投資をしたからだと思う。もしリトアニア代表がＥＵＲＯやワールドカップに出場したならば、誰もがサッカーを始めると僕は信じているよ」

ジャルギリスは１９９９年以来のリーグ優勝目前に足踏みしていた。残り5試合で2位アトランタスと開いていた「11」の勝点差も、最終節スドゥヴァ戦を前に残るは「３」。最終節が終わって勝点が並ぶと中立地のプレーオフに持ち込まれるが、ここで自力優勝を決めたければ引分け以上がノルマになる。

「ジャルギリスの実力を考えればとっくに優勝を決めなくては駄目だけど、何せ14年間も待ち望んだタイトルだからね。誰もがそのプレッシャーを感じているんだ」

試合前に語るペリッチは前節の退場処分で出場停止。市民のサポートを取り付けるべく、ヴィルマ会長は本拠地LFFスタジアムを無料開放した。優勝を見届けようと3500人もの観客が集まったものの、それが新たな重圧として加わったかもしれない。71分でスコアは絶望的な0－3。しかし、奇跡は起こる。

別会場で格下相手に1－0でリードしていたアトランタスが83分に失点。その情報がスタンドに伝播するや、「ジャルギリス」コールが広がった。そしてタイムアップ。念願のリーグ優勝をやっとの思いで掴み取ったジャルギリスの選手達やサポーターの輪に私も加わり、彼らの歓喜する姿を写真に収めていくうちに、ようやく自分も仲間入りしたような錯覚を起こしていた。リトアニアらしい締まらぬエンディングだな、という本音は心の隅に置いといて。

野晒しとなったヴィリニュスの国立スタジアム。1987年に建設が始まり、6年後には中止。2008年に工事を再開するも、たった2年で資金不足で建設ストップ。現在も廃墟のまま残る。

最終節で優勝が決まった瞬間、サポーターが感謝の意を込めて掲げた写真。所属選手それぞれの言語で「ありがとう」と書かれたバナーも添えられた。

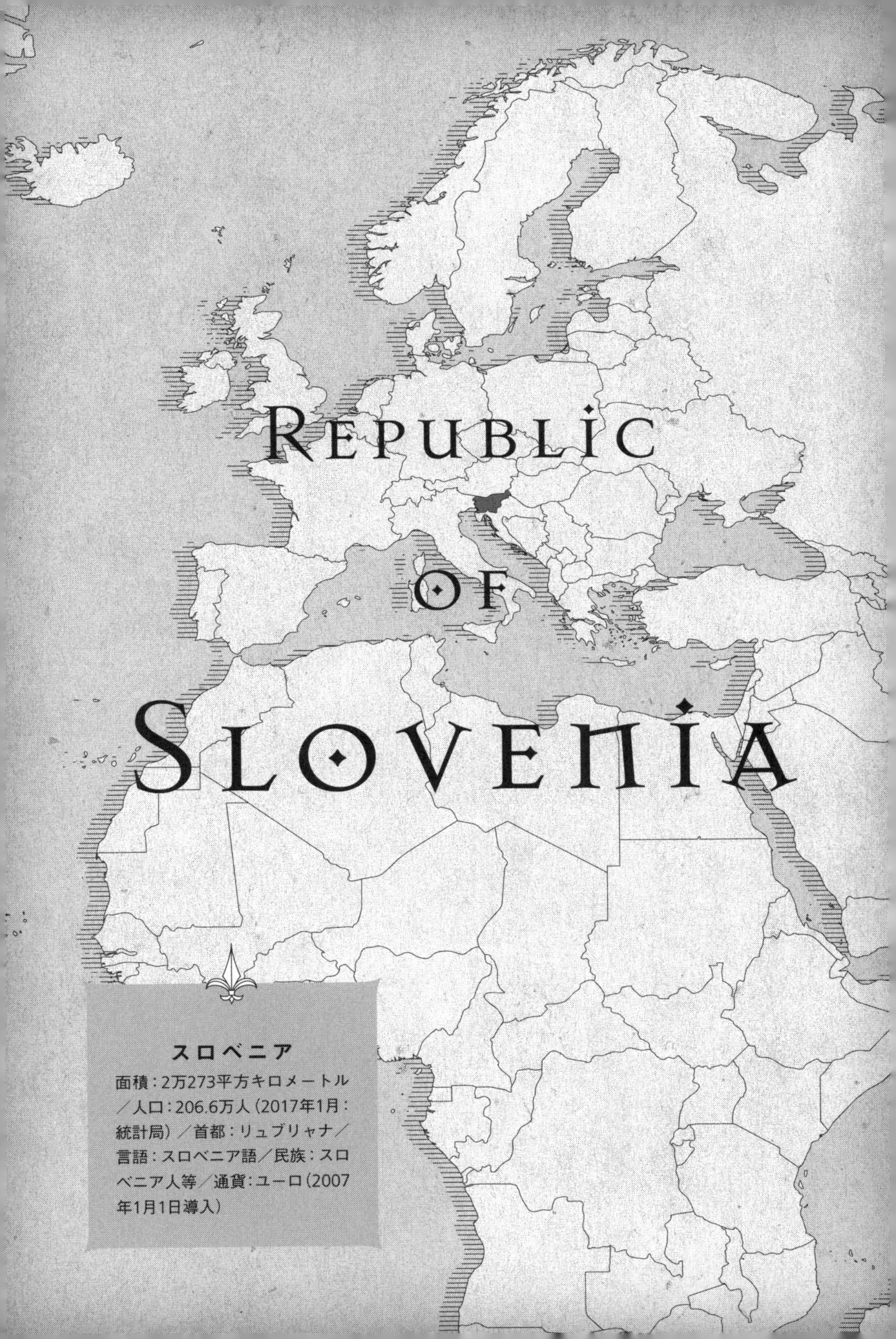

Republic of Slovenia

スロベニア

面積：2万273平方キロメートル／人口：206.6万人（2017年1月：統計局）／首都：リュブリャナ／言語：スロベニア語／民族：スロベニア人等／通貨：ユーロ（2007年1月1日導入）

英雄ザホヴィッチ率いるスロベニアの強豪、マリボル

ヨーロッパリーグ（EL）第3節トッテナム・ホットスパー戦のキックオフ直前、ダルコ・ミラニッチ監督を伴ってベンチへと歩むスポーツディレクターのズラトコ・ザホヴィッチに、サポーター集団「ヴィオラ・マリボル」からコールが起きた。

スロベニアが生んだ英雄は、財政難にあえぐ古巣マリボルのフロントに入閣するや再建に着手。この試合前に敵将のアンドレ・ヴィラス・ボアス監督と親密に語り合う姿を見れば、改めて彼の顔の広さがうかがい知れる。血の気の多さだけは選手時代と変わらない。宿敵オリンピヤ・リュブリャナや審判の判定に対しては舌鋒鋭く攻撃する。だが、天才肌のレフティは確かなサッカー観で優秀な若手を次々と発掘し、ディレクター就任2年目の2008年には6年ぶりのリーグ優勝を実現。2010年のEL予選プレーオフではパレルモに敗れたものの、MFヨシップ・イリチッチら主力3人をそのパレルモに売却することで、一時は400万ユーロ近く抱えた負債を解消した。翌年にはグラスゴー・レンジャーズをプレーオフで倒しての

EL本戦進出。5年間で7本のトロフィーをもたらした敏腕ディレクターが次に目指すのは、1999年以来のチャンピオンズリーグ（CL）本戦出場だ。

今季（2012／13シーズン）のマリボルはCL予選を順調に勝ち上がったものの、夢の実現まであと一歩に迫ったプレーオフで、ザホヴィッチが育成と高額売却の模範とする隣国クロアチアのディナモ・ザグレブに惜敗した。しかし、EL本戦に回ってからは初戦のパナシナイコス戦に3－0と快勝。敵将のポルトガル人監督、ジェズアウド・フェレイラは、は、ベンフィカ時代に指導したザホヴィッチを質問攻めしたという。

「チームの骨格は4年間一緒と答えたら、フェレイラは『マリボルのプレーには安定性とオートマティズムがある』と評価した。私は『金はないけど、、仕事へのやる気と創意はある』と付け加えたよ。この経済危機の中、工夫を凝らさないとクラブが生き残ることは難しい」

第2節はラツィオに敗れるも、スタディオ・オリンピコで0－1と善戦。グループステージ（GS）2位と健闘するマリボルの年間予算は、わずか500万ユーロだ。

トッテナムを迎えた本拠地リュツキ・ブルトは超満員。サポーターに愛想を尽かされて空席ばかりだった、CL「ディナモ・ザグレブ対パリ・サンジェルマン」を前日に取材してきた分、クラブを取り巻く盛り上がりの違いを顕著に感じた。マリボルの人口は11万人。市民との距離感は近く、男女の隔てなく幅広い世代がおらが街のクラブを支持する。その声援に選手たちはハードワークで応えた。デフォーやレノンがしつこい守備に手を焼く一方で、マリボルはパスを繋ぎながらスペース攻略を図る。42分、ＭＦメズガが縦に切れ込んで左から折り返したボールをＦＷベリッチが押し込み先制。後半に目を覚ましたトッテナムは58分、シグルズソンのゴールで追いつくも同点が精一杯。ＥＬへの意欲の差も手伝い、マリボルはまたしてもサプライズを起こし、欧州にその名を轟かすことに成功した。

ホイッスル後、クラブと観客が一体化する光景に私は出会った。国内選手が大半のチームで主将を務めるブラジル人ＦＷタバレスが、コールリーダーからマイクを奪うやスロベニア語のサポーターソングを歌い出したのだ。「ビヨルチナ（マリボルの愛称）よ、愛は永遠に。僕らの心は喜び、そしてマリボルは突き進む……」

スタジアム内のバーでオールドファンと感想を語り合うと、彼はこう切り出した。「マリボルにはドゥーシャ（魂）がある。最終節のラツィオ戦もスタジアムは盛り上がるはずさ」

勝ち点4で2位をキープし、ＧＳ前半を折り返したマリボル。昨季のＧＳが勝ち点1だったことを考えれば大躍進だ。たとえＧＳ敗退しても彼らのドゥーシャが色褪せることはない。

トッテナム監督のヴィラス・ボアス（左）と握手するザホヴィッチ（右）。ヴィラス・ボアスがポルトのコーチだった頃、ザホヴィッチは宿敵ベンフィカにて選手キャリアの終盤を迎えていた。

トッテナム相手に引分けた喜びから、スロベニア語でサポーターソングを歌うブラジルFWタバレス。2008年にマリボルに加入した彼は、これまで3度の得点王。リーグ通算最多得点記録も現在更新中。

ディナモ・キエフの本拠地「ロバノフスキー・ディナモスタジアム」の正門にはデモ隊のバリケードが残る。
ウクライナの名将ロバノフスキーの銅像の手元に、いつもはないはずのウクライナ国旗が立てられていた。

ウクライナ政変直後のダービーは、サポーターに加えてデモ隊も観戦する異様な雰囲気に。
そんな中、ヒートアップしたチームメイトのDFクチェル（5番）を主将のスルナが戒める。

UKRAЇNE

ウクライナ

面積：60万3,628平方キロメートル／人口：4,260万人（2016年：世界銀行）／首都：キエフ／言語：ウクライナ語（公用語）、ロシア語等、その他ロシア語等／民族：ウクライナ人（77.8%）、ロシア人（17.3%）、ベラルーシ人（0.6%）、モルドバ人、クリミア・タタール人、ユダヤ人等（2001年国勢調査）／通貨：フリヴニャ（UAH）

ウクライナ政変直後。ナショナルダービーの高揚

「ウクライナに栄光あれ！」

「英雄に栄光あれ！」

２０１４年2月のウクライナ政変で繰り返されたスローガンが、首都キエフのオリンピスキ・スタジアムに鳴り響く。すると、今度は隣国ロシアの大統領を侮辱すべく、ライバル関係にあるディナモ・キエフとシャフタール・ドネツクのサポーターを中心に６００００人の観客が一斉に歌い出した。

「プーチン、フイロ！（プーチンの男根野郎！）　ラララララララ・ラー」

両雄が激突した4月16日のナショナルダービーは過激な愛国ムードに包まれていた。私の手元にある取材許可証の日付は3月2日のまま。それもそのはず、デモ隊と治安部隊が激しく衝突した直後のキエフはサッカーどころでなかった。リーグ存続すら危ぶまれた当時、情勢が緊迫するウクライナからクロアチア代表に合流したシャフタールの主将ダリヨ・スルナは、「へ

ルメット持参でドネツクに帰るよ」と冗談を飛ばしていたが、それもチェルシーやバイエルンのオファーを断り、ドネツクに骨を埋めることを決心した愛情によるものだ。

主将スルナの誇り

3月にロシアに編入されたクリミア半島に続き、ロシア系住民の多いウクライナ東部も揺れている。親ロシア派が「ドネツク人民共和国」の設立を一方的に宣言したのは、日程変更されたダービーの9日前。シャフタールのリナト・アフメトフ会長は逃亡中のヴィクトル・ヤヌコヴィッチ大統領に近い親ロシア派の大富豪とはいえ、シャフタール・サポーターもウクライナ国旗を掲げて連帯を図る。国籍も心もクロアチア人化した代表FWエドゥアルドに今のシャフタールについて尋ねると、彼は他のブラジル人選手達と違って落ち着き払っていた。

「アフメトフ会長の姿はしばらく見てないね。政治的緊張は関係ないよ。僕らの前に会長が現れることなんて、3か月に1回ぐらいしかないからね」

相対するディナモにも2人のクロアチア代表が所属する。キエフ生活6年目のMFオグニェン・ヴコイェヴィッチは、エドゥアルドと仲人間係を結ぶほどの親友だ。

「国内最大のダービーで対戦できることを喜んでいるよ。僕ら選手はサッカーだけに集中し、最高の試合を提供することで国民の日常に彩りを与えたい。そして危機を乗り越え、解決策を見出してくれれば。ウクライナは素晴らしい人々が住む国だけに平和がふさわしいんだ」

それでも両クラブのライバル意識は試合中に垣間見えた。選手紹介で最大のブーイングを浴びたのがスルナ。しかし、先制点を挙げたFWルイス・アドリアーノが敵サポーターに向けた挑発を咎めたのも、相手に飛びかかったチームメイトのDFオレクサンドル・クチェルを叱り飛ばしたのも、シャフタール在籍11年目のキャプテンだった。そして0－2の勝利に最も喜び、応援してくれたサポーターに何度もガッツポーズを掲げたのも彼だった。

シャフタールのGKコーチを務めるクロアチア人のトミスラフ・ロギッチは、試合後にこんなエピソードを私に明かしてくれた。

「クロアチア独立戦争の際、私の街ザダルはユーゴ連邦軍の砲撃を受けた。ブラジル人達はここで怯えているけど、酷い戦争を知る我々には何てことないさ」

90年代に内戦を経験したクロアチア人は至って平然としている。DFドマゴイ・ヴィダを含めた代表4人衆はシャワーを浴びたのちもしばらく親睦を深めていた。そして最後にチームバスに乗り込んだのは、代表でもシャフタールでも精神的支柱のスルナだった。

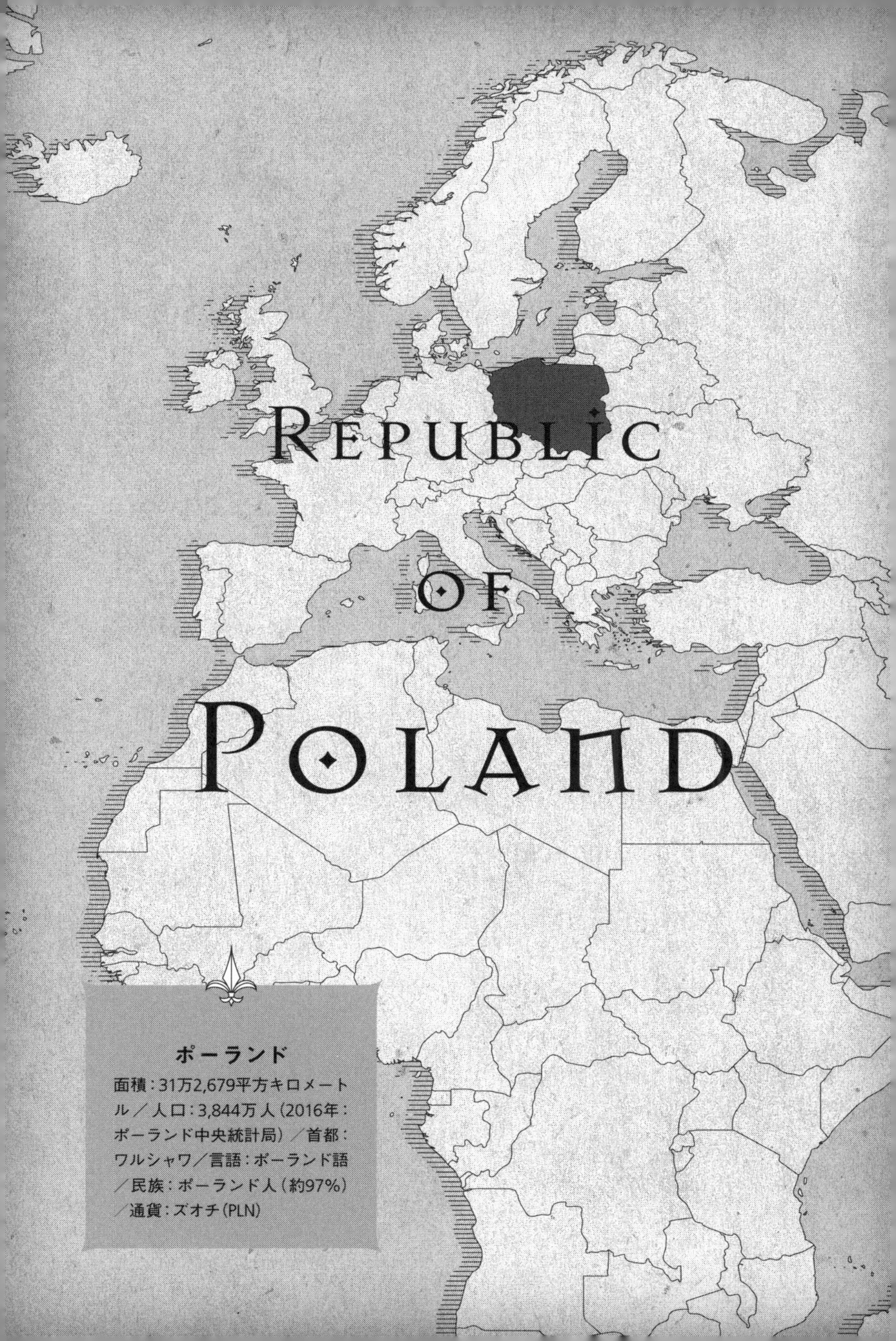

Republic of Poland

ポーランド

面積：31万2,679平方キロメートル／人口：3,844万人（2016年：ポーランド中央統計局）／首都：ワルシャワ／言語：ポーランド語／民族：ポーランド人（約97%）／通貨：ズオチ（PLN）

サポーター同士の協定とは？ポーランド独自の応援文化

私がその奇妙な光景を目撃したのは２０１１年に遡る。リトアニアのカウナスで行われたヨーロッパリーグ（ＥＬ）予選2回戦「タウラス・タウラゲ対ＡＤＯデンハーグ」。スタジアムで最も多いサポーターはリトアニア人でもオランダ人でもない。ポーランド人のレギア・ワルシャワのサポーターだ。

「ラバダは陽気なワルツのダンス、それでサポーターは踊り出す。レギア・ワルシャワのサポーターが踊るのさ、ヘイ！」

レギア・サポーターが肩を組んでリズム良く飛び跳ねると、隣のＡＤＯサポーターも踊りに加わった。むやみやたらに発煙筒や爆竹をピッチに投げ込む両グループの傍ら、リトアニアの武装警官隊が睨みを利かせている。ＡＤＯサポーターも過激な一派だが、騒ぎを起こしてリトアニア警察に連行されたオランダ人が11人だったのに対し、ポーランド人は63人と上回った。凶悪ぶりの噂が欧州に響き渡るレギア・サポーターは、ここ隣国で前科がある。

２００７年に首都ヴィリニュスで開催されたインタートトカップ「ヴェトラ対レギア」で、２５００人のレギア・サポーターがピッチに乱入し、警官隊相手に大立ち回りをした。試合はもちろん中止。事態を重く見たＵＥＦＡはレギアに欧州カップから１年間の追放を命じた。今回はトラブルが最小限に留まったほうだが、ここでのレギア・サポーターはあくまで第三者。一サポーターの文通から始まったというレギアとＡＤＯのサポーター交流は、もはや「ブラザー」の域すら超えてしまっていた。

「ＥＵＲＯ２０１２を境にエクストラクラサ（ポーランド１部リーグ）の人気は広がり、以前よりも多くの国民が試合を観るようになった。上位から下位までどこが勝ってもおかしくないし、シーズン中はサプライズが頻繁に起こる。楽な試合など一つもない、とても興味深いリーグだよ。ＥＵＲＯ後も新たなスタジアムが各地に建設され、インフラはドイツの水準に近付いてきた。そういった背景が多くのサポーターを惹きつけているんじゃないかな」

パワフルなドリブルを持ち味とするセルビア人ウインガー、ミロスラフ・ラドヴィッチがパルチザン・ベオグラードからレギアに移籍したのは２００６年。入団以来、レギアの右サイドに君臨し、誰からも一目置かれる助っ人だ。ルフ・ホジェーフとのポーランドカップ準決勝第２戦、彼自身は前半にＰＫを外すも最後には勝利をもたらし、ファイナル進出に貢献。試合後のミックスゾーンに現れた彼を、ポーランド記者陣は長時間にわたって拘束した。最後にボイスレコーダーを向けたのは私。基本的な質問に嫌な顔一つせず、ラドヴィッチは穏やかに語り出す。おそらくセルビアの友人にポーランド事情を幾度となく訊かれたことだろう。最後にレギア・サポーターの感想を尋ねると、顔つきは少し誇らしげになった。

「ポーランド全土で彼らを上回るサポーターは存在しない。それは本当だ。国外に広げても競争相手はいないだろう。この国にやってきた選手仲間の多くが『これほど凄い応援があること自体が信じられない』と口にする。それもホームだけじゃない。アウェイでも最大限のサポートをしてくれる。彼らこそ12番目の選手さ」

ラドヴィッチの言葉に偽りはない。古巣パルチザンも強烈なサポーター「グロバリ」を抱えているが、レギアは数と質で凌駕している。あらゆる欧州のスタジアムを徘徊した私から見ても、ペプシアレーナこと「ポーランド陸軍スタディオン」は別次元の空間だった。

コアサポーターが占めるのが北側のゴール裏スタンド「ジレッタ」。改修前のスタジアムでサポーターが集った東側バックスタンドに剃刀の看板があったことに由来する名称だが、そのジレッタは毎試合8000人ものサポーターで立錐の余地がない。最前列にはスキンヘッドのみならず、老婆から少女までずらり並ぶ。白のパーカーもしくはTシャツ、緑のマフラーでファッションを統一し、この日も多彩なチャントを90分間大音量で繰り返した。応援の切れ味はまさに剃刀そのものだ。

しかし、彼らのファナティズムは安易にフーリガニズムやレイシズムと結び付く。2年前のELでイスラエルのハポエル・テルアビブを迎えた際、アラビア風の文字で〝Ｊｉｈａｄ（聖戦）Ｌｅｇｉａ〟のバナーを掲げ、大々的に〝ＲＥＳＰＥＣＴ〟キャンペーンを張るＵＥＦＡを蒼ざめさせた。ピッチレベルでカメラを携える私は、レイシズムの対象にならぬよう恐る恐るジレッタに接近する。すると、屈託のない子供達が親指と人差し指でレギアの頭文字「Ｌ」を作り、ポーズを取った。脳裏にある「レギア・サポーター＝フーリガン」の固定観念とのギャップに、つい私も微笑んでしまうのだ。

「今日はカップ戦だから観客は少なかったけど、普段のリーグ戦はもっと盛り上がるわ。次節のポゴン・シェチェチン戦は期待して。レギアとポゴンのサポーターは友好関係にあるから、きっと面白いものが見られるかもよ」

何かと世話を焼いてくれたレギアの美人ボランティアが試合後、そう私に囁いた。

同じゴール裏で敵味方が入り乱れて応援

ワルシャワから3時間ほど急行に揺られ、古都クラクフに到着。強豪ヴィスワ・クラクフの本拠地ヴィスワ・スタディオンはＥＵＲＯ開催基準に見合うよう、市が全面改修を施した。しかしながら、大会期間中はイタリア、オランダ、イングランドが滞在しただけで、開催地からは漏れてしまった。工期が遅れたウクライナが開催権を返上するのを市民は最後まで期待していたと聞く。その一方で、ＥＵＲＯを機に政府がフーリガン撲滅に本腰を挙げたことをクラブサポーターは快しと思わなかった。

〝ＦＵＣＫ　ＥＵＲＯ〟。テントでヴィスワのサポーターグッズを売る青年のＴシャツには、そんなスローガンが書き込まれている。ヴィスワは21世紀に入ってリーグ優勝7回。しばらく国内の覇権を握っていたが、今や凋落傾向だ。

「２０１１／12シーズンのＥＬでヴィスワはベスト32の快挙を成し遂げたが、翌季のチャンピオンズリーグ予選プレーオフでＡＰＯＥＬ（キプロス）に敗れた夏から迷走は始まっていた。監督の首が切られ、主力選手は成功に対するハングリーさを失ったのさ。オーナーも資金を出し渋り始めたので、状況はもっと深刻化するかもね」

ガゼッタ・ヴボルツァ紙のミハル・カルボヴィアク記者はそう説明する。ヴィスワにとって

2年連続7位は格と見合わぬ結果だ。スタジアム界隈にはクラクフ第2のクラブ、クラコヴィアを侮辱する落書きが目立つが、そのライバルも昨季は2部での戦いを強いられた。右肩上がりのポーランド・サッカー界で、まるでクラクフだけが喘いでいるようだ。私が到着する4日前、ヴィスワは宿敵レギアをホームに迎えるも1－2で惜敗。7年ぶりの優勝にひた走るライバルに拍車を掛けてしまう。残されたタイトルはカップ戦。準決勝の相手は昨季のリーグ王者、シロンスク・ヴロツワフだ。ここで私は奇妙な光景を再び目撃することになる。

「ヴィスワとシロンスクのサポーターがなぜ仲が良いのかって？　そんなの知らねえな。交流に長い歴史があるのかって？　まあ、そんなとこだな」

シロンスクの横断幕をせっせと結び付けるアウェイサポーターに尋ねても、けんもほろろな答えに終わった。両サポーターは試合前からビールを酌み交わし、再会を楽しんでいるようだ。いざ試合になると、両サポーターが入り乱れるゴール裏ではどちらともつかぬ応援を繰り返した。掲げるマフラーには両クラブの名が併記された特別仕様もあれば、それぞれと友好関係を結ぶレヒア・グダンスクのものも一部混じっている。初戦を落としたヴィスワは本拠地で挽回せねばならぬはずが、前半24分に失点。シロンスクのゴールの瞬間、同じスタンドでサポーターの明暗が分れたものの、直ぐに何事もなかったかのように共同応援を再開した。

「ヴィスワ・イ・シロンスク！　ラララララ・ラー」

ヴィスワは必死に追いすがるも2－3で負けて敗退決定。それでもヴィスワ・サポーターは悲しみに暮れることはない。試合後に両チームの選手達が一緒にゴール裏へ挨拶に来たが、勝って喜ぶべきシロンスク陣営の表情もどことなく複雑だ。

「ヴー・カー・エス！　ヴー・カー・エス！」

自分が応援するクラブに勝利を収めた対戦相手を鼓舞すべく、シロンスクの正式名を縮めた「ＷＫＳ」を連呼するヴィスワ・サポーター。この違和感は、2年前にリトアニアで見たレギア・サポーターのものと同じだ。その友情は「揺りかごから墓場まで」とすら語られるサポーター同士の交流。この特殊な文化は一体どこから始まったのだろうか。

「サポーター達は交流のことを『協定』と呼ぶのよ。20世紀始めにポーランド各地にクラブが誕生した際、もっぱら警察か軍隊が母体になっていてね。同じ街にそれぞれのクラブがあれば常に対立していたそうよ。すると、今度は都市間を越えて警察のクラブ同士、軍隊のクラブ同士の支持者が仲良くなっていったんだって」

スポーツ史に詳しい父を持つ現地の友人が、私の疑問を解決してくれた。実はスタジアムでポーランド人記者に尋ねても、知らぬ存ぜぬで終わっていた。

「イングランドやイタリアだって似たようなサポーター交流があるじゃないか」

私は言い返す。

「いや、同一リーグで一緒に応援するケースはポーランド以外で聞いたことない」

現場はもっぱら若い記者が多く、彼らとはこんな水掛け論で終わってしまったのだが、友人の尽力で協定のルーツは分かった。今度はネットを使って丹念に歴史を紐解くと、興味深い事実を知り始める。80年代のポーランドはレフ・ヴァウェンサ（ワレサ）率いる独立自主管理労働組合「連帯」が民主化を求めた時代だが、多くのサポーターが連帯を支持し、反共運動に加わった。のちにポーランド初代大統領に就任し、ノーベル平和賞も受賞したヴァウェンサ自身はサッカー愛好家ではなかったが、サッカーとそのサポーターが彼の活動のネットワークになったことを認めている。すなわち、国内に根付くサポーターの交流文化はポーランド民主化に一躍買ったともいえる。

サポーターが協定を結ぶクラブ同士の対決は「友情試合」と呼ばれるが、個々の繋がりは男女間のように複雑だ。ヴィスワとシロンスクを例に挙げるならば、彼らが協定を正式締結したのは１９７３年のこと。遠征した50人のヴィスワ・サポーターをシロンスク・サポーターが手厚く迎えたのがきっかけだ。これは最古の協定の一つとされるが、１９８５年にヴィスワが２部落ちしたことで両者はすれ違いになり、昇格後の１９８８年に協定は破棄。初期のメンバーが食い扶持を求めて国を離れたのも疎遠の要因で、新世代は異なるクラブサポーターに接近していった。

しかし、1992年のワールドカップ予選「オランダ対ポーランド」で反クラコヴィアに同調する両者が手打ち式を行うと、翌年の直接対決でシロンスク・サポーターが警察と武力衝突するや「シロンスク、頑張れ！」とヴィスワ・サポーターが声援を送った。その後は代表戦を通して親睦を深め、1994年に晴れて協定が再締結されたそうだ。ポーランドには、こんな〝色恋沙汰〟がごまんとある。二股や三股は当然の世界。そこへ永遠に相容れないライバル関係が複雑に絡む。

例えば、ヴィスワ・サポーターは現在3クラブと協定を結ぶが、過去に協定破棄した相手は16クラブも数え上げる。パートナーが「不倶戴天の敵」クラコヴィアと接近しようならば、それは裏切り行為と判断される。ポーランドでフーリガン問題がとりわけ深刻化した背景には、サポーター同士が激しい愛情と憎悪の狭間で溺れてきたことも影響したのだろう。クラクフ近くで生まれ育った友人はこんな噂も教えてくれた。

「パパ（ヨハネパウロ2世）が死んだ時は、さすがにポーランドのサポーター全員も喪に服したわ。しかし、その2日後にはパパと縁の深いクラクフの街でヴィスワとクラコヴィアのサポーター同士が喧嘩し、1人が死んだそうよ」

日本人選手は独自の文化をどう感じたのか？

「なぜレギアとポゴンのサポーターが仲良くなったのか、シュチェチンの友人に訊いてもみんな『分からない』って言っています。答えても『嫌いな相手を作って何となくそうなった』『嫌い同士が仲良くなった』とか……。俺もよく分かんないです、そのへんのルールが。ヴィスワとシロンスクの試合はテレビで観ましたが、サポーターが全員混ざっているじゃないですか。あれ、普通じゃないですからね！　ポゴンがレギアを迎えて試合をした時も全員混ざって最初から一緒に大暴れ、みたいな（苦笑）」

アウェイのレギア戦を前に語るのはポゴン・シュチェチンのMF赤星貴文。浦和レッズを退団後、ツエーゲン金沢、ラトビアのリエパーヤス・メタルルグスを経て、当時2部リーグだったポゴンに入団。3季目はエクストラクラサに舞台を移し、ポーランドにおける日本人プレイヤーの先駆者として活躍している。周囲を実力で認めさせ、シュチェチンの街でも頻繁に「アカ！」と声をかけられる赤星だが、サポーター間の交流に関しては過剰な部分がある、というのが率直な印象だ。

「レギアとの試合になると、ポゴンのサポーターにとって結果はもう関係ないんです。本当に。サポーターが『アカ、明日は勝っても負けてもどっちでもいい』と言ってくるんですよ！　『何言っているの？』と思うじゃないですか。俺らは勝ちたいと思ってやっているのに。それは選手に向ける台詞じゃないだろって。チームメイトのみんなも『意味が分からない』『何それ？』と反応しています。だからいつも言うのは、サポーターはサポーター、俺らは俺ら。世界的に見ても、サポーターが選手にそんなこと言う国はなかなかないでしょ？」


試合前からペプシアレーナ一帯は両サポーターの蜜月ムードに満ちていた。武装警官隊はサポーター間の接触や衝突を回避することが通常の役目だが、この日は恋人同士の暴走を監視するのが仕事だ。しばしば爆竹が鳴り響き、周辺道路は厳しい交通規制が敷かれている。レフ・ポズナニとの激しい優勝争いを展開するレギア、そして残留争いに巻き込まれたポゴンの選手達にとって、サポーター同士の交歓に構っている余裕などない。私自身もゴール裏のジレッタを撮影中、レギア・サポーターの2人にツバをかけられた。たやすくムードにほだされていたら、恋愛の邪魔だとレイシズムの牙を向けられてしまう。

「レギア・ポゴン！　ララララララ・ラー」

「ヴィスワ・イ・シロンスク」のチャントと一緒だが、助詞の「イ（と）」がない分、結び付きはより強く聞こえる。20000人を超える観客が飛び跳ねると、色彩的に交じり合うことがないはずのレギア・カラーの白とポゴン・カラーの黒があちこちで重なり合った。概して首都の名門は憎まれ役になりがちだが、レギアのサポーターが過去にヴィスワ、シロンスク、レヒア、ルフと協定を結ぶ時代もあった。エクストラクラサでは唯一、ポゴンと今でも関係が続いているのも地理的に最も遠いからと聞く。

この世には遠距離恋愛のほうが続くカップルだっているじゃないか。国籍を越えたカップルさえも。そう結論付けることで私はようやく、かつてリトアニアで目撃したあの奇妙な光景を納得するのだった。

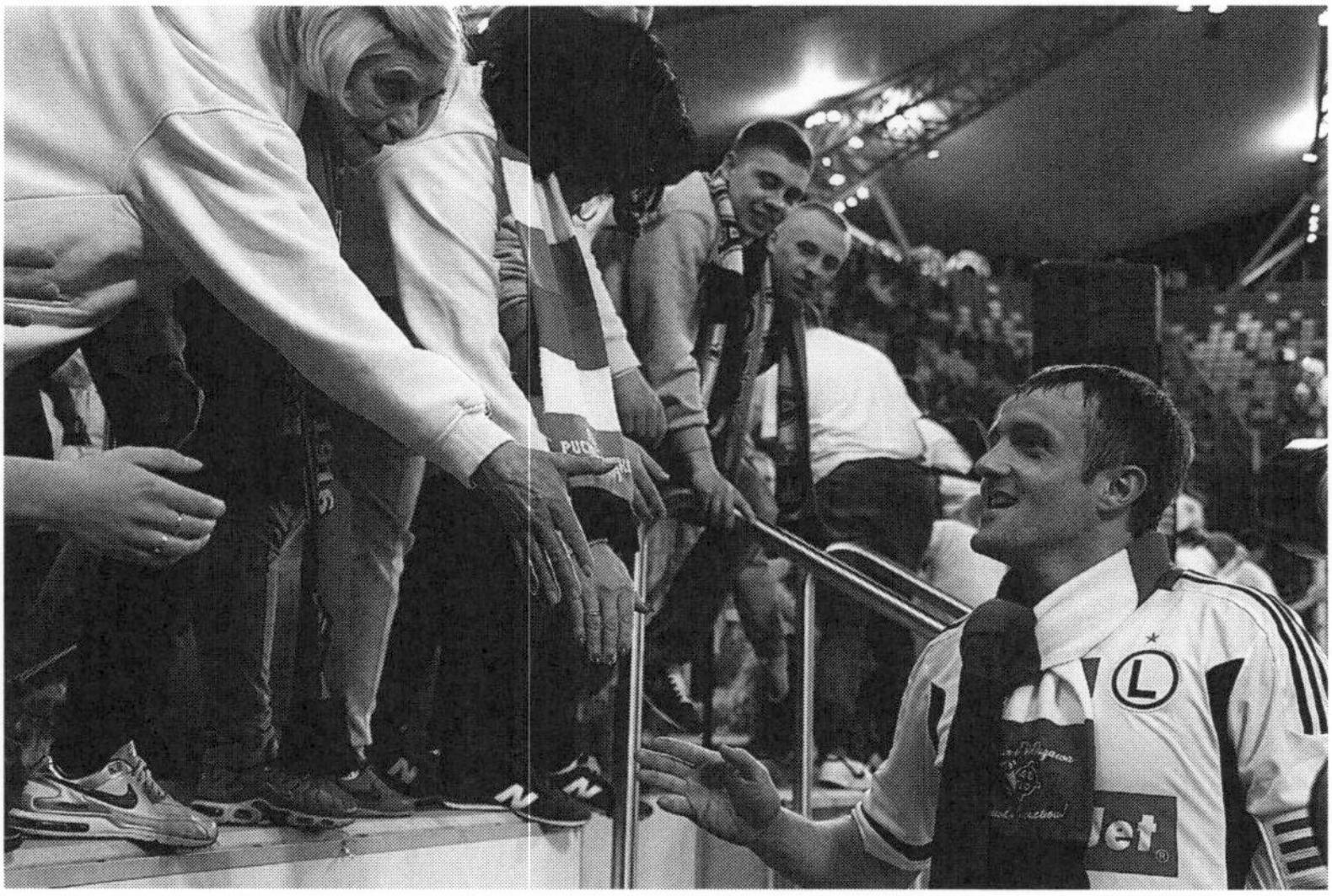

レギアの試合後には選手がサポーターと握手するのが恒例。
「ジレッタ」最前列の老婆もラドヴィッチに握手を求める。

ペプシアレーナのゴール裏「ジレッタ」に問題なく入れる国内のアウェイサポーターは
「協定」を結ぶポゴンだけ。両者混じっての応援はポゴンのホーム試合でも行われる。

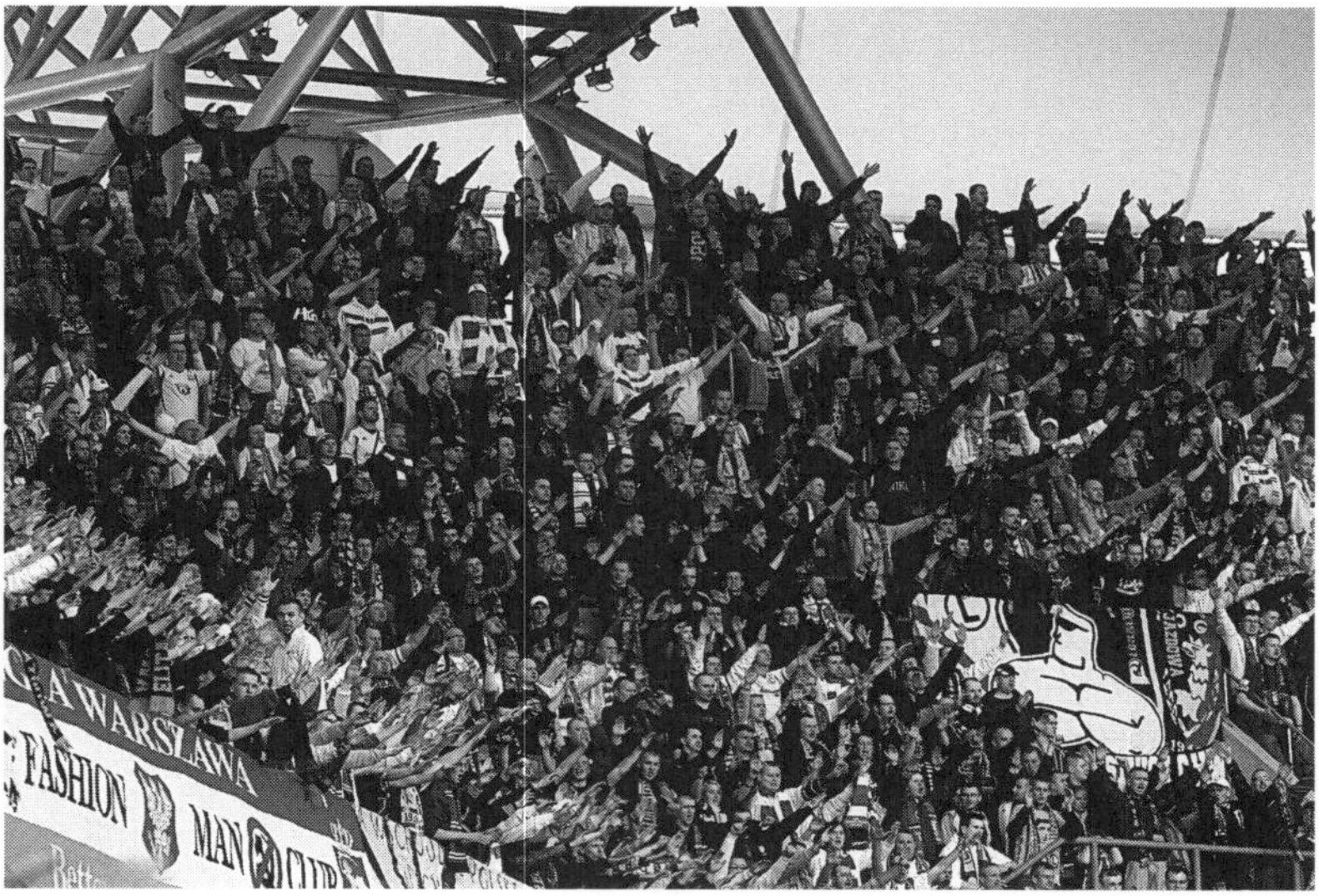

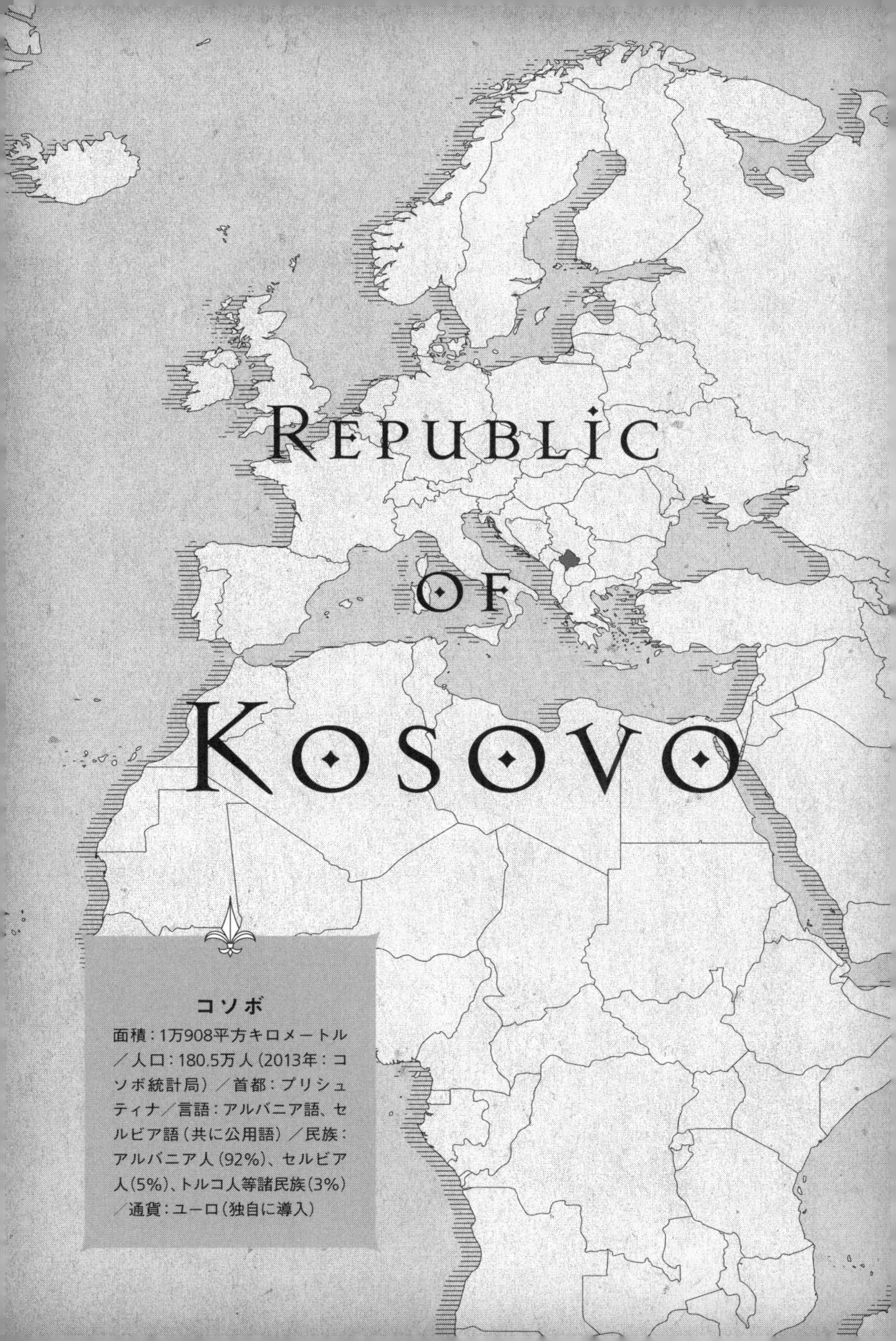

REPUBLIC OF KOSOVO

コソボ

面積：1万908平方キロメートル／人口：180.5万人（2013年：コソボ統計局）／首都：プリシュティナ／言語：アルバニア語、セルビア語（共に公用語）／民族：アルバニア人（92%）、セルビア人（5%）、トルコ人等諸民族（3%）／通貨：ユーロ（独自に導入）

政治に振り回されるコソボ・サッカーの悲劇

「日本の人々にも知ってほしい。コソボは欧州サッカー界の〝ゲットー〟だ！　我々は差別されている！」

コソボ・サッカー連盟のエロル・サリフ事務局長は、語気を荒め、机を叩いた。激しい戦争を経て、コソボがセルビアから独立宣言をしたのが２００８年。それからの4年間で90か国が独立承認したものの、いまだＦＩＦＡやＵＥＦＡに加盟できず、クラブも代表も国際試合が禁止されている。サリフ事務局長はこう不満をぶつける。

「ＦＩＦＡ憲章は『国家が国際承認されていれば連盟に加盟できる』とうたっているのに、ＵＥＦＡ憲章は『国連で承認された独立国の連盟だけが加盟できる』と定めている。このルールは本末転倒じゃないか」

ＵＥＦＡを飛び越えてのＦＩＦＡ加盟は不可能で、セルビアに同調するロシアや中国などがコソボを承認しないため国連加盟も許されない。ＦＩＦＡに対する積極的なロビー活動の甲斐があって、2012年5月には代表の国際親善試合が許されるも、セルビア・サッカー協会のトミスラフ・カラジッチ会長と懇意の仲にあるUEFAのミシェル・プラティニ会長の反発ですぐ認可は差し戻された。

「国内にはタレントが山ほどいる。それなのにコソボ出身選手は祖国の代表でプレーすることが許されない。クラブはチャンピオンズリーグやヨーロッパリーグに出場できないし、その現状に誰も関心を持っていない。これは悲劇だよ」(サリフ事務局長)

「『ドリータ対ジラーニ』はバルカン半島で3番目に盛り上がるダービーだ」

ドリータのユースコーチ、スケンデル・ブニャクは冗談めいた口調で「ジラン・ダービー」の価値について私に語った。ただし、「どのダービーがバルカン半島で1番、2番なのか?」というランク付けに関しては、ジランの人々にとっては取るに足らないテーマらしい。コソボの大多数を占めるアルバニア人は、血縁をとりわけ尊ぶ民族だ。スイス代表のFWアルベルト・ブニャク(のちコソボ代表に鞍替え)は彼の親戚であり、同じくスイス代表で活躍するMFジェルダン・シャチリの親戚もドリータのトップチームにいる。コソボ東部にある、ここジランで生まれた2人は、幼少期に動乱のコソボを親と一緒に離れ、スイスへと逃れていった。この街で生まれた子供達の先天的能力をよく知るブニャクは話を続ける。

「ジランはタレントの源泉だ。ここの子供はサッカーに必要なすべての能力を持っている。フィジカルもテクニックも。あとはインフラ問題さえ解決してくれれば……」

貧弱な経済構造のため国庫は疲弊。インフラ整備やスポーツ振興に税金が回ることは極めて少ない。選手の平均月収は２００〜３００ユーロ（約2〜3万円）。２０１０年にＦＩＦＡが特別認可するまでは、コソボ国外への移籍すら許されなかった。

ジラン市立スタジアムは超満員。チケットを入手できなければ、周囲の塀やビルの屋上によじ登って観戦する。バックスタンドでは青いシャツを着たドリータのサポーター集団「インテレクトゥアレト」が開始1時間半前から熱心な応援を続けている。

「我々が『知識人』と名乗るようになったのは、１９９８年、学士号や修士号を保有する20人で最初にサポーターグループを結成したのが理由さ」

そう語る創始者のアドゥリム・ヤクピは現在、コソボ・コカコーラでディレクターとして働いている。ただし、いまや知識人とはかけ離れた過激派も増えてしまったようだ。ライバルのジラーニは、１９９5年創立とクラブの歴史は浅い。赤いシャツを着たサポーター「スキフテラト」（「鷹」の意）は、自分達のクラブが街の名を冠していることを誇りとし、「どこから来たんだ？」と書かれた横断幕でドリータを挑発した。両者が街中で喧嘩することは稀だが、スタジアムでは敵愾心が充満し、熱狂に揺れる。発炎筒や発煙筒が次々と焚かれ、女性サポーターすら中指を立てている。

ピッチ上でも激しい攻防が繰り広げられた。それぞれのチームにシャチリと似た機動力ある小柄なアタッカーを揃え、崩しの場面になればドリブルが多用されるのが特徴だ。前半41分、PKを決めてドリータが先制し、選手達を抱擁しようと一部のサポーターが柵を越えたところでも、監視役の武装警官隊からはお咎めなし。後半早々にもドリータはカウンターからゴールを奪い、宿敵を2－0と突き放した。

終了のホイッスル後、選手達に担ぎ上げられたベキム・イズーフィ監督は、サポーターの万雷の拍手にガッツポーズで応えた。欧州カップ戦の舞台で彼らが拳を突き上げ、歓喜に沸くのはいつになるだろうか？　その瞬間が訪れるまでは、コソボという名の〝ゲットー〟の内側で戦い続けるしかない。

二つの民族に挟まれる街　ルダールの過酷な環境

コソボはセルビア民族にとって「揺籃の地」だが、アルバニア人の大量流入で少数派になったセルビア人は、北コソボを中心に肩身を狭くして暮らしている。川を挟んでセルビア人とアルバニア人が対立しているミトロヴィツァは、民族分断の象徴ともいうべき街だ。セルビア側のサッカー環境も過酷を極めている。セルビア5部リーグ、FKルダールの主将MFアディ・イドリゾヴィッチに話を聞いた。

「ここルダールでサッカーを始めたセルビア代表MFミロシュ・クラシッチのように、ミトロヴィツァは風のようなスピードとテクニックを備えたタレントを輩出する土地柄だ。しかし、ルダールが置かれた環境は最悪で、そもそも今はホームグラウンドがない。川向こうにあった本拠地もアルバニア人に奪われてしまったし、セルビア・サッカー協会は口約束するだけで全く援助をしてくれないんだ。代理人もいなければ、スカウトもやって来ない。ここのサッカーは死んだも同然だ」

実はイドリゾヴィッチのルーツはムスリム人だ。16歳の弟はルダールからコソボリーグのトレプチェに移籍。プロ契約すれば戦後初のケースになるが、サッカー選手としての将来が見えない兄の表情は暗い。

「戦前のように南北のクラブで試合がやれたらな、とは思うよ。でも現実は厳しい。子供達は大人の話を聞くことで、民族間に新たな嫌悪感が生まれてしまう。両者が試合をするのは余りに危険過ぎるんだ」

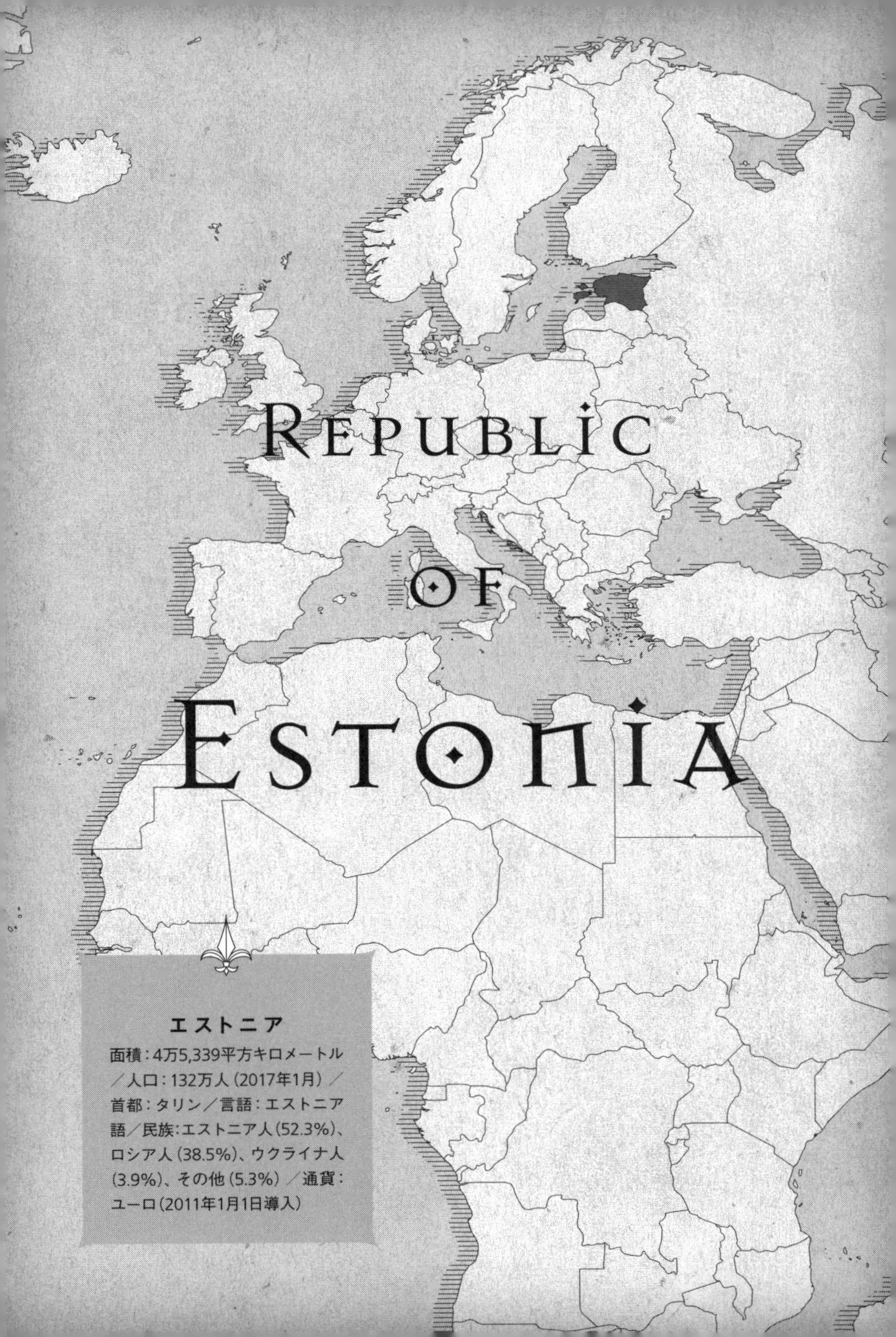

REPUBLIC OF ESTONIA

エストニア

面積：4万5,339平方キロメートル／人口：132万人（2017年1月）／首都：タリン／言語：エストニア語／民族：エストニア人（52.3%）、ロシア人（38.5%）、ウクライナ人（3.9%）、その他（5.3%）／通貨：ユーロ（2011年1月1日導入）

日本人と名物会長が牽引する
ＩＴ国家エストニアのサッカー界

首都タリンに本拠地を置くノーメ・カリュ。２００４年まで４部リーグを戦っていたクラブが、通算優勝回数１、２位のフローラ・タリンとレバディア・タリンに苦汁を舐めさせたのだ。カリュ入団１年目にしてリーグ最優秀ＭＦに選出され、２年目の２０１２シーズンにはリーグ初優勝の原動力になった和久井秀俊は、偉業の秘密をこう語る。

「昨季は２強相手にどう戦うか懸命に対策を練りましたけど、今季はいかに自分たちのサッカーをやるかを重視しました。カリュはチャンピオンズリーグ出場を目指し、それなりの予算で選手を集めています。２位に終わった昨季から多くの選手が残留したのは、金銭面だけが理由ではなく、クラブに野心が乗っかっているからこそ。組織力も躍進の要因でしょう」

エストニアは人口１３０万人余りの小国だが、ＥＵＲＯ２０１２予選プレーオフ進出を果たしたのは記憶に新しい。

「２００４年のＥＵ加盟後、ユーロ導入で物価も安定し、国は格段に成長しています。サッカーのレベルも上がっていくのは間違いありません。協会は数年前からユース育成に予算を充てて国全体の底上げを図っていて、将来性があると感じています」

そんなエストニアが抱える問題が、ソ連時代に流入し、今でも人口の3割を占める残留ロシア人の存在だ。国際化が進むサッカー界であっても、エストニア人がロシア人を敬遠する傾向は強い。例えば、エストニア・サッカー協会現会長のアイヴァル・ポフラクは、独立後に誕生した「メイストリリーガ」からロシア人排除を試みたことがある。エストニア愛国作家の肩書を持つ彼は、1990年にエストニア人クラブのフローラを創立。2年後のリーグ創設時には「エストニア国籍を持たないエストニア生まれの選手」がプレーできないよう提案し、それに協会加盟の25クラブが署名したことで、リーグから97選手があぶれてしまった。FIFAの介入で翌年に国籍ルールは廃止されたが、当時はエストニア代表にロシア人が入ることすら困難な時代だった（同国ナルヴァ出身の実力派MFヴァレリー・カルピンはロシア代表を選択）。

タリン発のバスはフェリーで海峡を越え、およそ4時間でサーレマー島の主都クレサーレに到着した。取材する試合は、メイストリリーガの「クレサーレ対タリナ・カレフ」。クレサーレもポフラクが創立したエストニア人クラブで、5部リーグだった1997年当初は彼が会長兼監督兼選手を務めていた。フローラの傘下に置かれ、選手を借用して強化を図ることで1部リーグまで昇格。自然豊かなサーレマー島に住むポフラクは、この日はテレビ解説者として現れた。「森の人」を思わせる長髪に顎ひげ、そして毛皮のベストは彼のトレードマークだ。

中世以来の古城を目にしながら、ゆるりとした雰囲気で試合が展開する。ボールボーイ2人がゴールのサイドネット目掛けてシュート遊びするほどの長閑さだ。緊張感の無さからか、クレサーレは37分にGKのトンネルで失点。それでも騎士風の兜を被った女性が中心となる小応援団は勝利を信じ、「ドン・ド・ドン、クレッ!」と声援を飛ばす。すると、失点直後に追いつき、71分にはFWクンニンゲが押し込んで逆転勝利。ポフラクの愛息ペッレも守備固めで出場し、コメンテーター席の彼は喜色満面だった。

試合後、クレサーレのチーム関係者にポフラクを紹介してもらい、日本人がエストニアでプレーすることについて尋ねてみた。

「エストニアのサッカー文化にとっては、外国人選手よりも地元選手がプレーすることを個人的には好んでいる。でも、和久井は素晴らしいプレーでカリュに貢献しているね。レベルの高い日本人は歓迎するよ」

彼の主義主張にも、少し変化が表れているようだ。

国際化・交流を後押し。IT×サッカーの最先端

首都タリンにノートパソコンやスマートフォンを持参すれば、どこであろうと無料でWi－Fiに接続できる。エストニアは世界屈指のネット先進国であり、IT産業が盛んな国だ。インターネット電話のスカイプが生まれたのも、世界初の電子投票による議会選挙を実施したのも、実はこの国だったりする。

サッカークラブが公式ウェブサイトを構え、オンライン決済でのチケット販売が一般的になった今、ノーメ・カリュはさらに一歩先を進んでいる。フェイスブック公式ページの「イベント」で観客を募り、そこでファンは「参加」を表明。試合日に本拠地カドリオルグ・スタジアムのチケット販売所に行くと、フェイスブックでのチケット予約者は専用の窓口から、一般チケットの半額（2・5ユーロ）で入場可能になるのだ。

常日頃からソーシャルメディアで情報発信している和久井も、自らフェイスブックに「グループ」を設けることで選手間の親睦を試み、それがムード作りに役立った、と話す。チーム内のエストニア人とロシア人の間に溝が生じやすい一方で、外国人選手が流入するグローバリズム化の中、民族間の壁を飛び越えたフェイスブックは有効（友好）な武器になっている。

2012年7月のEL予選「ノーメ・カリュ対ハザル・レンコラン」でドリブルを試みる和久井秀俊。
翌年、エストニア王者の主力として挑んだCL予選は3回戦進出。ELプレーオフでもプレーした。

サーレマー島に定住する、自然体が特徴的なエストニア・サッカー協会のポフラク会長。
FIFA会長ブラッターやUEFA会長プラティニとの面会でもジーンズとトレーナーで通した。

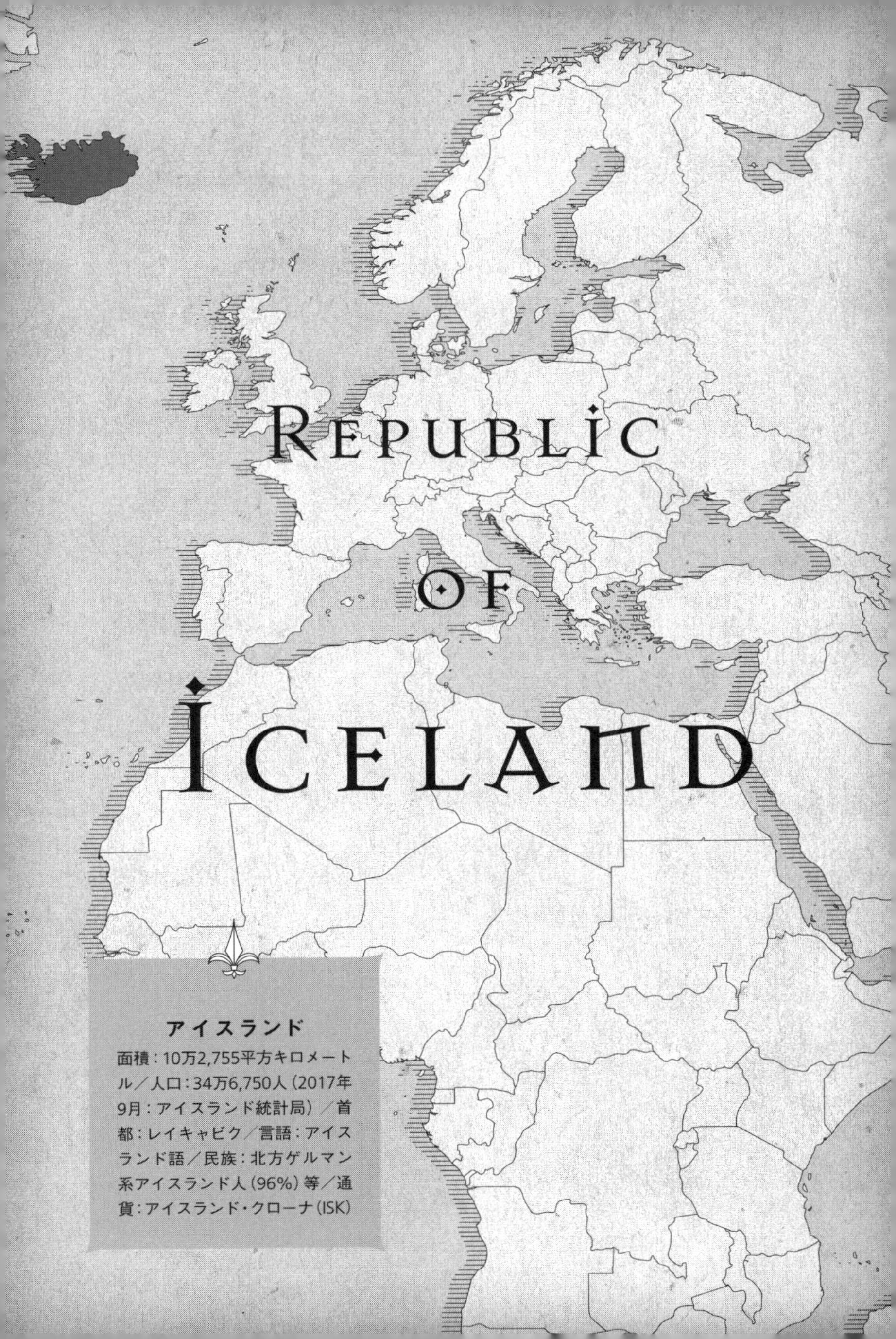

REPUBLIC OF ICELAND

アイスランド

面積：10万2,755平方キロメートル／人口：34万6,750人（2017年9月：アイスランド統計局）／首都：レイキャビク／言語：アイスランド語／民族：北方ゲルマン系アイスランド人（96%）等／通貨：アイスランド・クローナ（ISK）

小国サッカー界の優等生
アイスランド成長の軌跡

ここは欧州の「北の果て」。青空に綿のような雲が浮かぶ5月中旬というのに、スタジアムの電光掲示板は気温0度を示している。風速10m超の海風が止むことなく吹きつけ、体感気温はマイナス10度以下。凍てつく寒さで私の手足はすっかり痺れてしまった。アイスランド人もニット帽やフードは必須のようだが、女性や家族連れも多く、これでも春のサッカー日和なのだろう。

首都レイキャビクから50km離れたケプラヴィークは、同国唯一の国際空港がある人口約8000人の街。同名のクラブは、リーグとカップを4度ずつ制覇した中堅だ。本拠地「ネットヴォトルリン」のピッチ上で選手がウォーミングアップしている頃、スタンドではバケツ片手の少年たちが雑巾でせっせと椅子の汚れを拭き取り始めた。入口から続く小屋では、婦人方が暖を取るためのコーヒーを準備中。奇異な溶岩台地を背後にした港町に「牧歌的」という言葉は似つかわしくないかもしれないが、紛れもなくアットホームな空気が流れている。

1000席余りのメインスタンドは地元の人々と敵サポーターで7割が埋め尽くされた。もちろん、両者を分け隔てる警官隊や警備員は存在しない。

対戦相手はストヤルナン。攻撃的サッカーを信奉し、2009年に1部初昇格。サンフレッチェ広島が模倣した「魚釣り」をはじめ、「水洗トイレ」「ランボー」など独創性あるゴールパフォーマンスを次々に編み出し、ユーチューブで世界中に注目されたクラブだ。2012年2月の日本戦でハンドスプリングスローを繰り出し、長居陸上競技場（現ヤンマースタジアム長居）の観客を賑わせたMFステインソール・ソルステインソンも同クラブの出身だったりする。キープレイヤーはワントップの大砲ガルザル・ヨーハンソンと10番の技巧派MFハトルドール・オルリ・ビョルンソンで、共にアイスランド代表として日本戦に途中出場した。

試合は開始早々に動く。ケプラヴィークのGKオマール・ヨーハンソンがゴール前で相手選手を倒すや、主審はペナルティースポットを指差した。ハトルドール・オルリがPKを右に蹴り込んでストヤルナンが前半5分で先制。選手達はパフォーマーから卒業したらしく、ハイタッチでゴールを祝った。アイスランドの観客が好むのはアグレッシブな肉弾戦だ。ハイボールは強風で流されるため、グラウンダーのパスを通すしかない。そして対面する相手には容赦ないスライディングタックルが浴びせられる。前半はカウンター頼りだったケプラヴィークは繋ぐサッカーに後半切り替えたものの、同点の好機を2度逃したのが響いた。結果は0－1。

喜び勇むストヤルナンのサポーター集団にハトルドール・オルリが近づき、抱擁と握手を重ねていく。タイムアップ時刻は21時7分。簡素なスタジアムに照明設備はないが、北緯64度のケプラヴィークの空はまだ明るい。

人口34万人の「火と氷の国」において、人気・実力ナンバー1のスポーツはハンドボール（北京五輪で銀メダルを獲得）。サッカーは2番手に甘んじているが、1部リーグ「ウルヴァルステイルト」は毎節1〜2試合生中継され、どの試合でも報道陣が丹念な囲み取材をする。ケプラヴィークの監督はすべての質疑応答を終えるや別室に私を招き、温かいコーヒーを注いでくれた。監督の名はゾラン・ダニエル・リュビチッチ。ボスニア・ヘルツェゴビナ出身のセルビア人だ。FKサラエボを離れてアイスランドに渡ったのが1992年。それから15年で6クラブに在籍し、引退後はケプラヴィークのユースコーチに転身。2012年からトップチームの監督に昇格した。難解なアイスランド語を流暢に操り、20年間同国のサッカー界に深く携わってきた彼にリーグ事情を聞き出した。

「シーズンは陽のある5月から9月までと世界一短い。12クラブで2回戦総当たり、すなわち22試合で結果を出さねばならないのは、指揮する立場として難しいよ。だが、暗い冬の間もチームの活動は続く。親善試合に加えて、2月から4月まで24クラブによるリーグカップが開催される。よって、相当数の試合がこなせるんだ」

高緯度のアイスランドで年間通してサッカーを可能にさせるのは、豊かな競技施設だ。90年代後半から金融市場の自由化を推し進め、海外資産家に高金利の金融商品や不動産を売却することで好景気に沸いた国家は、スポーツインフラにも積極的に投資した。例えば、レイキャビクの国立スタジアム「ラウガルダルスヴォトルル」は２００７年に拡張工事を終え、1万５０００人収容の立派な競技場に生まれ変わった。同じく各地に建設が進められたのが人工芝グラウンドやミニピッチ、そして真冬でも使える室内施設。全面に人工芝を敷いたフルコートサイズの室内サッカー場は90年代全く存在しなかったのに、今や国内8ヶ所に新築されている。その一つ、ケプラヴィークの室内サッカー場「レイキャネスヘトリン」を訪ねると、エリアを幾つも区切って子供たちがミニゲームとトレーニングに励んでいた。サッカー人口比は極めて高く、ＦＩＦＡ資料によるとアイスランドの競技者人口は3万２４０８人（うち登録競技者の割合が67％。日本の２２％と比べれば数値が極めて高い）。女子サッカーが盛んなのも北欧ならではの特徴だ。ならば、国民気質とサッカーの親和性はどうだろうか。ユース指導歴のあるリュビチッチはこう説明する。

「まずアイスランド人には規律があるし、根気もある。フィジカルや創造性といった面では旧ユーゴの選手より劣るかもしれないが、アスリートとしてのポテンシャルは高く、なにしろ彼らは才能を自ら伸ばせる精神力を備えているんだ。ユース代表が既に成功を収めたことも私は納得しているよ」

A代表はワールドカップ（W杯）やEUROにいまだ手が届かないが（２０１３年当時）、FWコルベイン・シグソールソンやMFギルフィ・シグルズソンを抱えるU－21代表が予選で強豪ドイツを４－１で粉砕し、２０１１年のU－21欧州選手権本大会に初出場した。翌年は5年ぶりにU－17欧州選手権本大会にも進出。人口ではルクセンブルク（約49万人）やマルタ（約41万人）さえ下回り、UEFA加盟国53ヶ国中49位にもかかわらず、国外にタレントを次々輩出しているアイスランドは「小国サッカー界の優等生」といえる。

クラブ破綻のない幸せな国

地熱を利用したクリーンエネルギーを有効活用し、失業率は極めて低く、国民1人当たりの所得は世界トップクラス。経済的にも優等生だったアイスランドだが、リーマンショックの煽りを受けて大手銀行が次々と破綻し、国内経済は深刻な状況に陥った。大胆な管理政策と通貨切下げによる輸出好調で急激な回復を成し遂げてはいるが、国を襲った経済危機は「クラブ運営にも爪痕を残した」（リュビチッチ）。だが、アイスランドでクラブ破綻の話が聞かれないのは、サッカーに限らずスポーツそのものがビジネスと縁遠いからだ。1部リーグはセミプロで、選手の兼業も一般的。私はアイスランド最古のクラブで、同国最多25度のリーグ優勝を誇るKRのクラブハウスに足を踏み入れた。KRとはアイスランド語で「フットボールクラブ・レイキャビク」の略称。トップチームの選手全員がプロ契約を結んでいる。案内役はクラブ運営に長年携わるヨナス・シグルズソンだ。

「どんな競技であれ、どこもKRに対抗意識を燃やしてくるよ。なぜならば、我々はアイスランド最大のクラブだからね。アイスランドは実に国民の12〜15%がスポーツクラブに登録している。KRは元々サッカークラブとして誕生したが、その後は市民による総合スポーツクラブになった。バスケットボール、ハンドボール、バドミントン、ボーリング、卓球、水泳、スキー……。珍しいところだと日本のスモー（相撲）に似た『グリマ』がある。KRには競技者が5人しかいないがね（笑）」

競技施設が集約されたクラブハウスには、「西町の皇帝」と呼ばれるKRの歴史と栄光を物語るトロフィーや写真があちらこちらに飾られていた。チェルシーやバルセロナで活躍したエイドゥル・グジョンセンも短期間ながらKRでプレーしている。なぜ小国のアイスランドは、ここまでスポーツに打ち込み、結果を残せるのだろうか？　ヨナスは私の質問に対し、明快に答えた。

「島国育ちのアイスランド人は、日本人と同じく勤勉な国民だからじゃないかな」

こぼれ話だが、KRでグジョンセン以上の功績を残した日系人FWがいる。日本人の父とアイスランド人の母の間に生まれたビョルゴルフル・ヒデアキ・タケフサは、2006年からKRに5シーズン在籍し、81試合51得点を記録。2009年には16ゴールで本人2度目の得点王に輝いた。ボストン大学で金融を学びながら最初の得点王になった2003年、タケフサは地元メディアのインタビューで「日本代表入りにチャレンジしなくては」と答えていたそうが、その年にアイスランド代表でデビューを果たすと3キャップを刻んだ。ちなみに彼の祖父は少年時代にKRでプレーし、90年代に会長職を務めた銀行家のビョルゴルフル・グズムンドソン。バブル崩壊以前はウェストハムのオーナーまで昇り詰めた。1人のフットボーラーを通して、日本とアイスランドの不思議な縁が見えてくる。

私がKRを訪れた日はマッチデイだった。対戦相手はアイスランド本島の南、ヴェストマン諸島のÍBV（アイスランド語で「スポーツコミュニティ・ヴェストマンナエイヤル」の略）。アイスランドリーグが誕生したのは1912年、ÍBVが海を渡ってレイキャビク遠征したのがきっかけだ（初優勝はKR）。ÍBVは唯一本島以外に所在する1部クラブで、アウェイのたびにフェリーとバスで遠征する。

「今はレイキャビク周辺に1部リーグのクラブが集中しているが、本島の真裏にあるソール・アーレクイイリが参入した2011年はそこまでの移動が大変だった。あと、2010年春にエイヤフィヤトラヨークトル火山が噴火した際も、ヴェストマン諸島は火口からそう遠くないだけに混乱したよ」

ÍBVで2年半にわたってアシスタントコーチを務めるモンテネグロ人、ドラガン・カジッチはアイスランド滞在歴5年。コーチング学では定評のあるベオグラード体育学部を卒業。セルビアの数クラブを指導したのち、2007年にアイスランドへ渡ってきた。ÍBVは彼にとって同国3つ目のクラブ。参謀役を務めるだけでなく、ユース部門を統括する立場にある。

「アイスランドは戦術面で少し遅れているところはあるが、選手の呑み込みは早い。また、地元の指導者も外国人コーチを歓迎し、好んで私とディスカッションしてくれるね」

サッカーの水準を高めるためにはインフラに加えて優秀なコーチが必要ということで、アイスランド・サッカー協会はコーチ育成に熱心だ。現存コーチの8割は協会主催の講習を受け、4割以上がUEFAのBライセンスを取得。選手数当たりのコーチ数も北欧随一で、子供に対するコーチングはボランティアではなく、報酬を得る一職業として認知されている。

「漁業や観光がとりわけ盛んなヴェストマン諸島でも、サッカー選手の多くが何かしらの副業を営んでいる。ÍBVも総合スポーツクラブで、島民は余暇をスポーツで楽しんでいるんだ。

試合になれば、おらが島のチームを応援しようと観客がわんさと訪れる。ホームシックはあるかって？　ベオグラードにいる家族とはスカイプで連絡が取れるし、バスケットボールのチームにはセルビア人もいるから大丈夫さ」

カジッチは祖国から遠く離れたアイスランドでもサッカーライフを満喫している。

凍てつく大地に生まれたあたたかな絆

20時開始の〝デーゲーム〟には１４６８人の観客が本拠地「ＫＲヴォトルル」に集まった。空には雲一つなく、眩い西日がスタンドに差し込むも、海風は今日も冷たい。寒さに関係なく芝が青々育つのは、日照時間のお陰だ。試合前にローリング・ストーンズのナンバーが流れ、観客全員が総立ちして拍手で選手を迎えるのは英国文化さながら。ＫＲを指揮するのは、２０１２シーズンに8年ぶりのリーグ優勝に導いたルーナル・クリスティンソン。アイスランドで唯一代表１００キャップを超えるＫＲ生え抜きの若手監督だ。元ウェールズ代表ＣＢリス・ウェストンを除けば選手全員がアイスランド人だが、個々の特徴を上手く組み合せ、中盤以前が頻繁にポジションチェンジする。観客は手拍子とブーイングを織り交ぜながら、一つひとつのプレーに敏感に反応した。規模は違えどプレミアリーグと同じ香りがレイキャビクに漂う。この試合で強風よりも影響を与えたのは主審だった。KRが35分にPKで先制すると、前半終了間際にはペナルティエリア外のファウルにかかわらず再びPKを得て2－0。後半はÍBVが巻き返して同点に追いつくも、75分にÍBVのハンドを取った主審がまたしてペナルティースポットを指差すと、さすがに観客はどよめいた。KRのFWキャルタン・フィンボガソンはPKのみでハットトリックを達成。だが、ドラマは最後に待っていた。アディショナルタイムに主審が帳尻合せでPKをÍBVに提供。しかし、代表GKハンネス・ソール・ハルドーソンが敵のシュートを止め、3－2でタイムアップ。凍えながら応援を続けた観客は大団円に満足し、子供と一緒に帰途に就く中、少年達はせっせとスタンドのゴミを拾い集めていた。父親がKR元会長という案内役ヨナスの言葉が思い出される。

「アイスランドではスポーツがコミュニティの基盤だ。学校を卒業した後も、スポーツクラブを通して人的交流が続けられるんだ」

厳しい気候や環境だからこそ人と人の繋がりは必要だ。横の繋がり、縦の繋がり、地域の繋がりがスポーツという媒介を通して一層強くなる。アイスランドのクラブハウスやスタジアムに大家族のようなムードが漂うのはもっともだ。

試合のハーフタイム、KRのクラブハウスは寒さしのぎで集まる人々でごった返していた。

そこで私は偶然にもアイスランド代表監督に出会っている。ラーシュ・ラーゲルベック。母国スウェーデンの代表監督を10年間務め、南アフリカW杯ではナイジェリア代表を指揮。アイスランドが20年ぶりに迎えた外国人監督は掛値なしの名将だ。初指揮となる日本戦（結果1－3）の印象を尋ねると、少し機嫌を損ねたか「グッドゲームだった」と一言。続いてアイスランドリーグの印象を尋ねてみた。

「人口を考えたら優秀なリーグだと私は思うよ。アイスランドの人口は日本と比較にならないほど少ないんだから」

返答は至極全うなものだった。アイスランド代表は世代交代が進み、早くに国外へ飛び出した20代前半の選手達がキャップ数を積み上げている。自らを「現実的な楽天主義者」と呼ぶラーゲルベック監督から今日明日にW杯出場を期待するのは野暮な話だろう。けれども、サッカー土壌がこのまま発展を続けていけば、ドイツW杯出場のトリニダード・トバゴ（135万人）の記録を大きく塗り替えて「世界で最も人口の少ないW杯出場国」になるのは決して夢の話ではない。

「ケプラヴィーク対ストヤルナン」の試合前、少年達が雑巾とバケツを片手にスタンドの座席を拭き掃除する。

ストヤルナンのサポーターは首都レイキャビクから駆け付けた。勢いはケプラヴィークのサポーターを上回る。

国立スタジアム「ラウガルダルスヴォトル」の正面には、アルベルト・グズムンドソンの銅像が建つ。
戦後のアーセナルやミランにも所属したアイスランド人初のプロ選手で、のちに政治家へと転身した。

KRのクラブハウス内には1999年にスタートしたミニFM局があり、筆者も訪問を機にゲスト出演した。

Republic of Finland

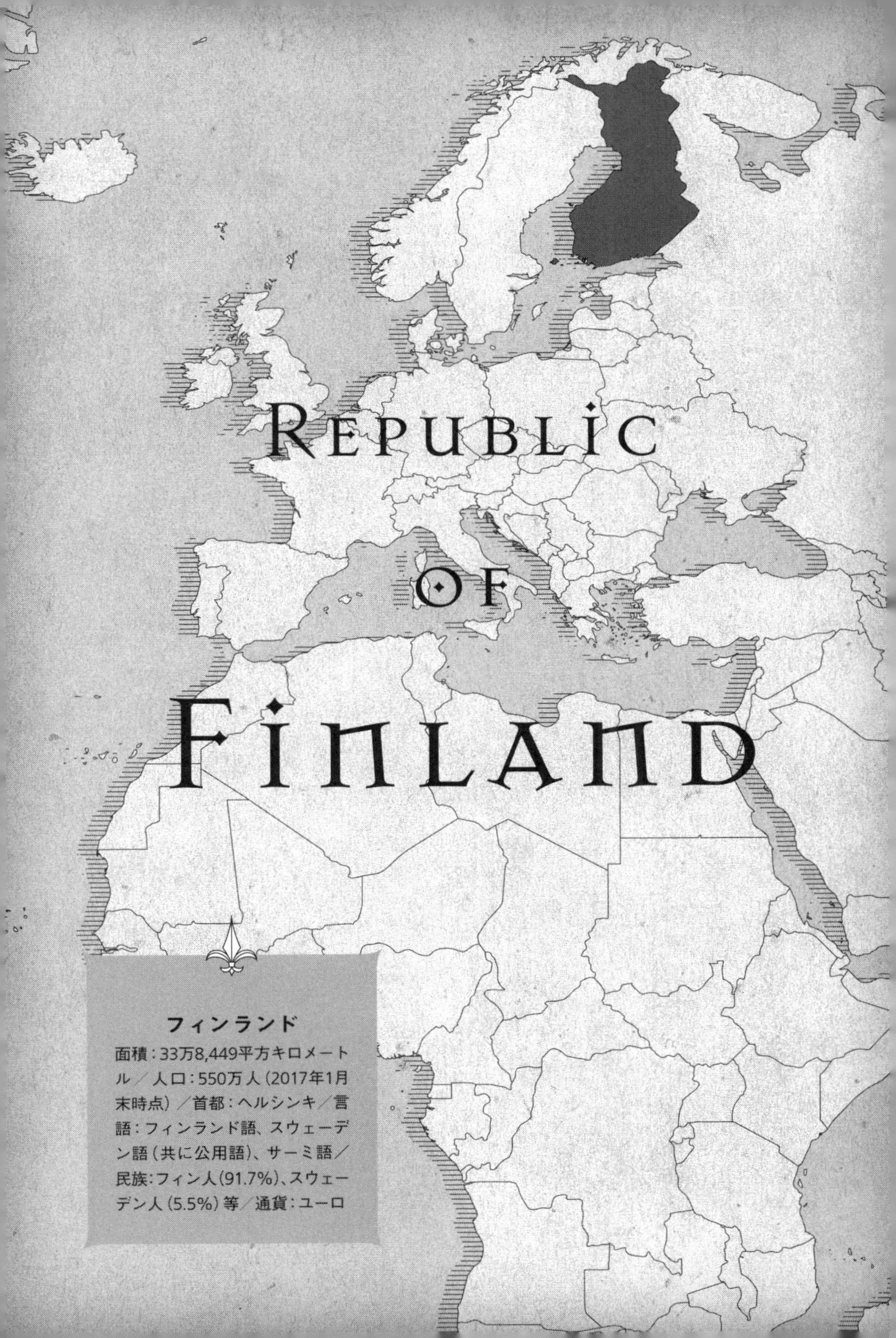

フィンランド

面積：33万8,449平方キロメートル／人口：550万人（2017年1月末時点）／首都：ヘルシンキ／言語：フィンランド語、スウェーデン語（共に公用語）、サーミ語／民族：フィン人（91.7%）、スウェーデン人（5.5%）等／通貨：ユーロ

移民との融合が鍵を握る
フィンランド・サッカーの未来

フィンランド南西部の港町トゥルク。休日になるとスポーツセンター「クピターンプイスト」は少年サッカーの試合で賑わう。市が運営する広大な施設には、同国1部リーグのインテル・トゥルクとTPSの本拠地「ヴェリタス・スタディオン」、そして天然芝7面と人工芝2面のサッカーグラウンドが整備されている。トゥルクに移り住んで造船業を興したスコットランド人ウィリアム・クリントンの息子達がアイデアを出し、1890年、フィンランドで初めてサッカーが行われた場所がクピターンプイスト。19世紀末にはトゥルク市で学校対抗による同国初のリーグが組織され、第1回全国大会はトゥルクの学校が制した。トゥルクはまさにフィンランド・サッカーの「揺籃の地」だ。しかしながら、フィンランド・サッカーそのものは他の北欧諸国に大きく引き離されている。「北欧の雄」ことスウェーデンはワールドカップ(W杯)に11回出場。フィンランドと人口が近いデンマークは1992年にEUROを制覇。人口だけでなく国土規模も似たノルウェーは4回にわたって国際大会の桧舞台を踏んでいる。対してフィンランドは1934年の初参加から1度もW杯予選を突破できず、EUROも13回連続予選落ち。この差はどこから生まれたのだろうか。

「フィンランドのスポーツといえば、まずアイスホッケーだからね。国技だけあってアイスホッケーのファン気質はイングランドのサッカーと同じ。それでもサッカーは子供達に人気が高いんだよ。ほら、あの24番が私の次男だ」

妻の祖国に移り住み、イギリスにフィンランド事情を紹介するライター、イエン・バウイは両国の視点で語り始めた。トゥルク生活は22年。フィンランド語が堪能で、時間の許す限り、次男が所属するTPKユースの手伝いをしている。

「リトマネン、ヒーピア、フォルセル、ヤースケライネン……。小さな国にもかかわらず、プレミアリーグで活躍するような選手を輩出したのは成功じゃないかな。フィンランド全体のサッカーレベルはゆっくりと成長してきた。私の長男がTPSでサッカーを始めた15年前と比較したら、実力やインフラの差は顕著だね」

「森と湖の国」と形容されるフィンランドは、固有の風土から陸上競技やウィンタースポーツで優れた選手を輩出してきた。戦前の五輪男子陸上で個人史上最多の9個の金メダルを獲得したパーヴォ・ヌルミはここトゥルクの生まれだ。アイスホッケーは2011年の男子世界選手権でスウェーデンを決勝で倒して2度目の優勝。世界最高峰のNHLにも多くの選手を送り込んでいる。サッカーに関していえば、冬の厳しさゆえに環境が整わなかった。だが、70年代後半からフルコートのサッカー専用ホールが作られ始めると、それが実力の底上げに繋がる。いわゆる「リトマネン世代」誕生のきっかけだ。２００９年の女子サッカー欧州選手権の開催に合わせ、小さかったヴェリタス・スタディオンを1万人規模に改修。今は申し分ないサッカー環境にあるはずだが、バウイの顔は明るくない。

「多くのサッカークラブがスポンサー難に苦しんでいる。政府や自治体の援助があったとしても、その額はアイスホッケーほどじゃない。次男が所属するＴＰＫは小さなクラブだけに月謝30ユーロで済んでいるが、長男が所属したＴＰＳには毎月１００ユーロも収めていた。つまり、親から徴収した金が1部リーグにいるトップチームの運営資金へと回るわけさ。もう一つの大きな問題は、子供達が成長するにつれてサッカーが重荷になること。15歳になってジュニアチームに進むと練習もプレッシャーも厳しくなる。週7日すべてがサッカー漬けだ。子供達はサッカーが本当に好きなのに、選手としてサッカーを続けることを深刻に捉え、『これ以上はもう無理』と投げ出してしまう。長男のチームメイトでシニアになってもサッカーを続けているのは5人だけ。その長男も15歳でサッカー選手を諦め、テニスに転向したのだから(笑)」

八百長関与で断罪。強豪クラブが消滅

ドマゴイ・アブラモヴィッチと私の友情は12年続いている。ディナモ・ザグレブで育った彼は、将来を嘱望されたストライカーだった。クロアチア・ユース代表では絶対的エースとして君臨し、17歳にしてチャンピオンズリーグでトップデビュー。しかし、起用面の不満でディナモを飛び出すと、その後はクラブを転々とした。２００８年夏にインテル・トゥルクに入団し、12試合7得点でリーグ初優勝に導くものの条件面が折り合わずに半年で退団。ギリシャの数クラブを経て、２０１１年に再びインテル・トゥルクに戻ってきた。ディナモ・ユースの一員で来日した時は18歳だったが、今や2児の父親。選手としても30歳の節目を迎えている。

「フィンランド・サッカーは発展途上にあり、どんどんと良くなっているね。インテル・トゥルクは練習環境が素晴らしいし、クロアチアのように給与が遅れることもない。概して税金は高いが、累進課税で格差が是正されるため、誰もが良い生活を送っている。凶悪犯罪は少ないし、フィンランド人は温厚だ。他のクラブ事情はよく分からないけど、フィンランドに来たことは後悔していないよ」

フィンランド1部リーグ「ヴェイッカウスリーガ」でプレーする選手達の待遇は月収にして２０００~８０００ユーロ。決して高額なサラリーではないが、フィンランド人選手は安定

に慣れ、国外移籍へのモチベーションはクロアチア人選手のそれに及ばないという。ならば、サッカー選手としての素質はアブラモヴィッチの目からどう映るだろうか？

「フィンランド人選手はフィジカルや走力に優れている。その一方で、テクニックやクリエイティブさに欠けるんだ。そこを僕のような外国人選手が補う。この先数年間はフィンランド・サッカーも成長を続けるだろうね。その素地はあるのだから。ただし、優秀な指導者がこの国には足らないんだ。インテル・トゥルクを指揮するヨブ・ドラフツマ監督はオランダ人だけに繋ぐサッカーを重視するが、外国人監督はリーグで彼1人だけ。HJKヘルシンキやホンカ、ユヴァスキュラといった1部のクラブを除けば、どこもロングボール頼みのサッカーだ。フィンランド人の思考やメンタリティがサッカースタイルに直結してしまっているのさ」

TPKユースのフィンランド人コーチに尋ねたところ、子供は12歳までに基礎となるテクニックを叩き込まれ、以降はスピーディなゲーム運びとフィジカルが重要視されるそうだ。しかし、アブラモヴィッチは彼らの方向性に納得していない。

「よくユースの試合に足を運ぶけど、子供の時から既に力任せのサッカーをやってしまっている。フィンランド人には持ち前のパワーがあるし、幾らでも走れるのだけれども……。ユースはサッカーをどうプレーするか学ぶ場所だ。そのためにも、異なるスタイルを育む外国人指導者がユースレベルでこそ必要だ」

フィンランドは外に対して門戸を閉ざす国ではない。しかしながら、2011年に発覚した外国人による八百長事件はこの国のサッカー界を揺るがした。「サンタクロースの故郷」として知られるロバニエミにRoPSという小クラブがある。1部と2部を行き来するエレベータークラブだが、RoPSで長年プレーした元ザンビア代表のルートを活かして、ザンビア人選手をクラブに大量加入させた。そこに目をつけたのがシンガポールの犯罪企業。サラリーに不満な彼らに賄賂を手渡すことで試合を操作し、中国のブックメーカーで不当な収益を得ていたのだ。同年2月、偽造パスポートで入国を謀ったシンガポール人をヘルシンキ空港で拘束したのをきっかけに、警察はRoPSの9選手を含む11選手（9人がザンビア人、2人がジョージア人）を八百長関与で逮捕。サッカー協会の動きも早かった。直前でリーグ開幕を延期し、同企業から30万ユーロを受け取っていたタンペレ・ユナイテッドを活動停止に。事実上のクラブ消滅に追い込んだ。

「タンペレ・ユナイテッドは10年間で3度リーグ優勝した強豪の一角だが、幾ら大きなクラブであろうとサッカー協会は容赦なく潰した。トップチームのみならず、ユースチームから女性チームまですべてが消えたんだ。この国に免罪など存在しない。すべては一から始めなくてはならない」（アブラモヴィッチ）

皮肉なことにリーグの冠スポンサー「ヴェイッカウス」社は国営の賭博企業でもあるが、フィンランド人の倫理観の高さはアブラモヴィッチも生活を通して強く認識している。トゥルク取材の前、私はタンペレを訪れた。そこはフィンランド第2の規模でありながら、サッカー文化を全く感じさせない街だ。タンペレ・ユナイテッドの本拠地ラティーナ・スタディオンにはクラブ事務所やファンショップも残っていたが、扉には鍵が掛かり、ガラス越しに覗く内部は完全に時が止まっているかのようだった。

トゥルク在住のクロアチア人は2世帯のみ。アブラモヴィッチ家と家族ぐるみの付き合いをするミロサヴリェヴィッチ家の長男マリオは、インテル・トゥルクのU－15チームに所属している。アブラモヴィッチの運転で私は再びクピターンプイストに訪れ、一緒にマリオの試合を観戦した。MFの彼は後半出場したものの、ソマリア人FWのワンマンプレーばかりが目立ち、見せ場もないままチームは敗れてしまった。

「対戦相手のKoPaaはU－15でフィンランド最強のチーム。彼らはU－16代表に招集中の3人を欠いてもこの実力さ。リーグは10クラブによる全18節。長い冬はボールを使わない室内練習ばかり。チームメイトの民族構成？　ソマリア、アフガニスタン、ロシア、スウェーデン、トルコ……。フィンランド人はチームに1／3しかいないね」

目下、フィンランドのユースチームは外国人が急増している。その背景にはフィンランド経済の構造変化が深く関わっている。エンジニアとしてトゥルクでビジネスキャリアを築き、その変貌を目撃してきたマリオの父親ネナドが説明してくれた。

「私が来た15年前は移民が少なく、〝純血〟ともいえる国だったよ。そして北欧の中で最も貧しい国だった。しかし、90年代半ばからノキアが国内経済の牽引役になって不況を脱すると、ようやく移民が大量流入してきたんだ」

森林資源を利用した林業や製紙業は古くからフィンランド経済を支える産業であり、ノキアも元は製紙会社として設立された。80年代の経済成長から一転して90年代初頭はバブルが崩壊し、失業率は20%近くに上昇。古い基幹産業に頼っていては先の見えない経済危機を救うべく、フィンランドは官民一体でハイテク分野の興業に力を入れ始めた。移動通信に事業を絞ったノキアが世界一の携帯電話端末メーカーになるまで成長すると、フィンランドの産業構造は「森林からIT」にシフトして右肩上がりに。人手を埋めるべく国内労働市場に流入したのが外国人であった。高収入と高福祉を求め、ロシアやエストニア、スウェーデン国籍のフィンランド系住民がルーツを辿って〝里帰り〟し、中国やトルコなどの労働者移民、内戦を理由に国を逃れたソマリアやコソボ、アフガニスタンやイラクからの難民も受け入れることで外国人は増加してきた。それでも人口の3%で、移民や難民が社会問題化している他の北欧諸国のように過激な排斥運動は起こっていない。

「フィンランド人の子供は優れたサッカー選手になれる才能があるのに、15歳になった途端に遊びや恋愛、アルコールに走ってしまうのさ（苦笑）。それは成熟した高度社会の中で個々を尊重しすぎた結果かもしれない。サッカーは人生において副次的なものとなり、練習にも次第に足が遠のく。18歳になって再びサッカー選手を志してはもう遅い。移民2世がチームの大半を占めるのも自然な流れだ」

そう語るネナドも「魔の年齢」を迎えた息子マリオの成長が気かがかりだ。

増え続ける移民2世がサッカーにもたらすもの

「スウェーデンやノルウェーと同じように、ここフィンランドでも移民選手が増えていることは、この国のサッカー実力向上にとっては良い傾向だ。なぜならば、民族的に見ると、北欧のフィンランドはバルカン半島のアルバニアのように孤立しているからね。フィンランド代表ではクチ兄弟やヘテマーイ兄弟といった外国生まれの移民2世(共にコソボのアルバニア人難民)がプレーしてきた。それでもフィンランドに帰化した移民2世はプロ選手全体の3％しかいない。これは非常に小さな数字だよ」

フィンランド国営放送のオスク・ラウッカネンはトゥルクで最も有名なスポーツ実況アナウ

ンサーだ。この道20年。この日はトゥルク・ダービー「インテル対ＴＰＳ」のラジオ中継とＴＶレポートの両方を担当する。

「フィンランド人の社会階層は高く、生活水準は恵まれている。そのために10歳の少年は家にこもってプレイステーションだ（苦笑）。外で走り回ることも厳しい練習もやりたがらない。その一方で移民家族の生活は苦しく、スポーツがステータスを得るための数少ない手段だと理解している。それが彼らのハングリーさに繋がっていると思うね。同じ傾向は教育にもいえる。移民の少年少女のほうがフィンランド人よりも学校に長く居残って勉強しているんだ」

学校教師の肩書きも持つラウッカネンは移民の底力を認めつつも、既に発表されたスタメンに対して言及した。

「フィンランドのクラブは強力な外国人選手を呼び寄せる資金力がない。よって、チームはフィンランド人がどうしても中心となる。ほら、今日のインテル・トゥルクはスタメン全員がフィンランド人だ」

フィンランド・サッカーにおける移民浸透はまだ過渡期にある。ＴＰＳはＦＷニャジ・クチが帰化したアルバニア人だが、残るスタメン全員がフィンランド人。しかし、これも数年もすればトップチームや代表チームに移民2世が増えてくるだろう。実はフィンランドのサッカー人口はアイスホッケー人口の2倍もあり、アンケートによると3～18歳の子供においてサッカーが1番人気のスポーツ。フィンランド代表FWテーム・プッキは、17歳でセビージャに渡り、2年半スペインで最先端のサッカーたるものを学んでいる。孤立しがちだったサッカー界がこうして外と接触していくことで、潜在能力が引き出される可能性は充分にある。

「フィンランドのスタジアムでフーリガニズムのような問題など存在しない。観戦マナーは文化的で紳士的だ。タンペレ・ユナイテッドが消滅した今、最も観客が集まるのがHJKヘルシンキとの試合かトゥルク・ダービーだね」

そのように語るアブラモヴィッチは、この日の「インテル・トゥルク対TPS」戦で本人も想定外のベンチスタート。それでも試合前に軽めのウォーニングアップとなれば、スタンドの子供達から彼に向けて温かい声援が届けられた。

平均観客数が2000人前後のヴェイッカウスリーガにおいて、この日のトゥルク・ダービーに集まった観客は7287人。熱心なコアサポーターはいるが、敵愾心とは無縁の牧歌的ダービーだ。スタンドには老若男女が入り乱れ、ゴール裏には肌の色が異なる移民2世がまるでベネトン広告のように並んでいる。もう融合は始まった。フィンランド・サッカーの〝構造変化〟が実力に現れるのは近い将来なのかもしれない。

インテル・トゥルク所属のアブラモヴィッチはかつて将来を嘱望されたストライカーだった。
1999年の「SBSカップ」ではディナモ・ユースの一員として来日。彼とはそれ以来の仲にある。

「トゥルク・ダービー」が開催されたヴェリタス・スタディオンのメインスタンドは満員状態。
スピードと当たりの強さが求められるリーグだが、試合での決定機は乏しくスコアレスドロー。

U-15「インテル・トゥルク対KoPaa」の試合にて。インテルに所属する子供達の2/3が移民2世。
フィンランド人のユース選手は「魔の15歳」を迎えると、サッカーから遠のいていくという。

トゥルクでは幅広い世代の市民が観戦へと訪れるが、ゴール裏の席には移民2世の姿もあった。

HELLENIC REPUBLIC

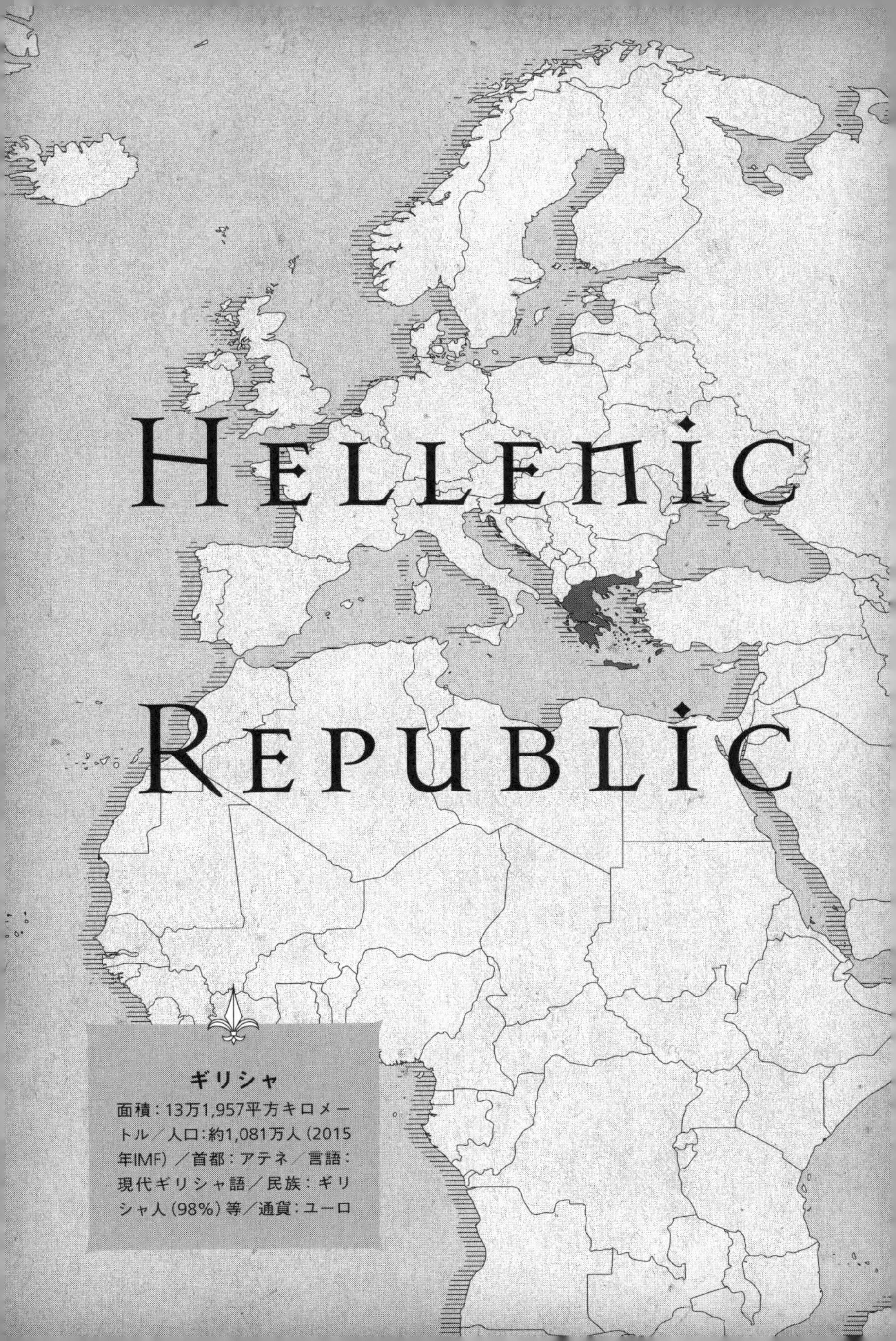

ギリシャ

面積：13万1,957平方キロメートル／人口：約1,081万人（2015年IMF）／首都：アテネ／言語：現代ギリシャ語／民族：ギリシャ人（98%）等／通貨：ユーロ

ギリシャが挑む「債権者ダービー」8年前の奇跡は再び起きるのか

２０１１年10月初旬、ＥＵＲＯ２０１２予選の「ギリシャ対クロアチア」を取材するため、私はアテネ郊外の港町ピレウスを訪れた。他の欧州の国々は秋を迎えているというのに、ギリシャの人々は燦々と輝く太陽を満喫し、エーゲ海を臨むビーチで海水浴を楽しみ、オープンテラスで海の幸に舌鼓を打っている。港に近い小さなタベルナ（食堂）に入ると、地元の人々が飲めや歌えやと盛り上がっていた。つい前日には政府の緊縮財政政策に反対する大規模ストライキが行われ、アテネのシンタグマ広場ではデモ隊と治安部隊が衝突。怪我人や逮捕者すら出たというのに。

「ギリシャの経済はご覧の通り、決して芳しくないわ。あたしも先日にテッサロニキの新聞社を解雇されたばかり。ドイツの内政介入は何かと厳しいけど、ギリシャ人は楽天的なのよ。とりわけ若い人はそう。この今を楽しまなくてはね！」

彼氏と夕食に訪れたというのに、隣のテーブルに１人座る私を自分達のテーブルへと誘ってくれたランブリニ嬢は、まるで他人事のように天真爛漫と語った。恵まれた気候と開放的なムードにどっぷり浸かり、浴びるようにアルコールを飲めば、仕事をすることが馬鹿馬鹿しく思えてくる。この国の人生は利那的かもしれない。だからこそ、利那的なドラマが連続するサッカーに対して、ギリシャ人は情熱を注ぐのだろう。

ＥＵＲＯ２００４で大番狂わせの優勝を成し遂げ、ギリシャ人を歓喜に導いたドイツの名将オットー・レーハーゲルは南アフリカ・ワールドカップを最後に勇退。「キング・オットー」の後を引き継いだポルトガル人、フェルナンド・サントス監督はギリシャリーグで長く仕事をしてきたとはいえ、代表チームの構築は楽な仕事ではなかった。彼はポゼッションサッカーを信条とするも、予選の初戦となるホームのジョージア戦でよもやのドロー（１－１）。予選突破のため、サントスに残された道は「原点回帰」しかなかった。ゴール前には鍵を掛け、攻撃はカウンターとセットプレー。そうして予選ではライバルのクロアチアをピレウスで２－０と粉砕し、グループ首位通過を果たしてきた。

しかし、その後のサントス監督には迷いが見られた。同年11月のルーマニアとの親善試合で１－３と敗れ、監督就任以来の無敗記録が「17」でストップ。その後もふがいない試合が続き、サントス監督は批判の矢面に立たされた。

一向に解消されない得点力不足を補おうと、ワルシャワで行われた開幕戦のポーランド戦はつい〝色気〟を出してしまった。4－3－3の両ウイングを務めるゲオルギオス・サマラスとソティリス・ニニスを高く配置し、ドリブルで攻め込みを図るも、インターセプトされた途端に中盤のプレスがかからず、手から砂がこぼれるようにポーランドにパスをつながれた。

17分、ポーランドのFWロベルト・レヴァンドフスキにヘディングシュートを叩き込まれると、44分にはCBソクラティス・パパスタトプーロスが悪質なタックルにより2枚目のイエローカードを受けて退場。絶体絶命のギリシャだったが、彼らは劣勢のほうが力を発揮するチームだ。いや、ギリシャ人そのものが瀕死の状態まで追い込まれないと動かない国民なのだろう。後半からニニスを外し、瞬発力に優れたFWディミトリオス・サルピンギディスを右MFに置いた4－4－1にチェンジ。必然的に攻撃パターンは守りからのカウンターしかなくなるが、サントス監督の選手起用もずばり当たった。

まずは51分、サルピンギディスが相手の隙を突いて同点弾を決める。69分にはサルピンギディスがポーランドのGKヴォイチェフ・シュチェスニーを退場送りにし、PKを獲得した。ギリシャにとっては勝ち越しの絶好機だったが、MFギオルゴス・カラグニスのシュートは代役GKプシェミスワフ・ティトンがセーブ。最後に勝ちは逃したとはいえ、ギリシャのしぶとさを世に見せつけた開幕戦だった。

ヴロツワフで行われた第2戦の相手は、EURO2004準決勝の復讐に燃えるチェコ。出場停止のパパスタソプーロス、負傷退場したCBアヴラアム・パパドプーロスに代わり、数少ない8年前の優勝メンバーの1人、MFコンスタンティノス・カツラニスを試合開始から最後尾に据えるも、ギリシャ守備陣の立ち上がりの「ブラックアウト」は再び繰り返された。3分に右MFペトル・イラチェク、6分に左MFヴァーツラフ・ピラシュとチェコが立ち上がりから連続ゴールを決めて0－2。左右のウインガーに起用されたサルピンギディスと19歳の新星コンスタンティノス・フォルトゥニスが守備のヘルプを怠ったがため、ピッチをワイドに使うチェコに苦戦。53分に名手ペトル・チェフがキャッチミスしたボールをFWテオファニス・ゲカスが押し込んだが、同点にはあと1点届かなかった。「これでギリシャは尽き果てた」――サッカー関係者の多くがそう思ったはずだ。開幕戦に続き、カメラのファインダー越しでピッチ際から選手達を観察していた私は、少なくともこの日のギリシャから神通力を感じることができなかった。

8年前のギリシャが帰ってきた

第3戦の会場となるワルシャワの国立スタジアムに駆けつけたギリシャ・サポーターは約2500人。経済的に苦しい本国から来るサポーターは少なく、もっぱら近隣国に住むギリシャ移民が中心だ。決勝トーナメントに進出するには、彼らの声援をも借りて大本命ロシアに勝利するしかない。

今回は開始のホイッスルと同時に、レーハーゲルがギリシャに長年植えつけた「リアリズム・サッカー」の真骨頂を示した。ロシアに主導権を譲らせ、好きなように中盤でパスを繋がれようと、とにかくゴールに鍵をかける。そして乾坤一擲のカウンター。必死に守るギリシャの選手達は鬼のような形相と化していき、ロシアの選手達からは焦りが見える。ゴール裏でカメラを構える私にもギリシャの気迫がビシビシと伝わってきた。

前半のアディショナルタイム、ロシアのCBセルゲイ・イグナシェヴィッチのパスミスをカットした「闘将」カラグニスが右からシュートを叩き込んでギリシャが先制。後半のロシアは次々とFWを送り込むが、ギリシャは虎の子の1点を守り倒し、時折カウンターでヒヤリとさせる。そうやって相手の精気を失わせていった。シュート数は5対25。そして結果は1－0。EURO2004の強いギリシャが再び帰ってきた。

そんなギリシャが準々決勝で当たる相手は、今大会の優勝候補ドイツだ。デフォルト寸前の経済を救済する代わり、ギリシャ政府に厳しい財政改革を要求しているアンゲラ・メルケル独首相に対して国民の怒りは頂点に達している。皮肉を込めてメルケルにナチス軍服を着せた合成写真が、これまでに幾度となくメディアに出回った。新たに発足したギリシャ新内閣に対しても彼女は支援条件に妥協するつもりはなく、とあるメディアはこの準々決勝を「債権者ダービー」と揶揄している（ドイツは債務者なので、正確を期するならば「債務者－債権者ダービー」）。一部のギリシャ国民はこの決戦を、ドイツに対する絶好の復讐機会と捉えているようだ。MFヤニス・マニアティスは、国民のテンションを下げようと次のコメントを発している。「この試合と政治は全く関係ない。これはサッカーであり、スポーツなんだ。僕達にとって最も大事なのは、ギリシャ国民をハッピーにさせること。ギリシャを取り巻く現状とは無関係で、僕たちは単に国民を路上で喜ばせてあげたいんだ」

ギリシャ人の刹那的な国民性にドイツ的リアリズムを持ち込み、欧州王者の金字塔を打ち立てたレーハーゲルは、準々決勝のカードが決まって以来、メディアの寵児になっている。そんな彼がギリシャ側に立って準々決勝を分析する。

「ドイツは長い伝統とハイレベルな実力があるが、だからといってギリシャにチャンスがないわけじゃない。ギリシャがあらゆる手段を投げ打てば、ドイツだって倒すことも可能だ。ロシア戦のギリシャの出来は素晴らしく、グループステージ突破にふさわしい戦いだった。誰もギリシャを過小評価してはならない。特にノックアウトステージに入ってからのギリシャはな。ギリシャはその情熱と闘争精神で試合そのものを変えられるんだ。これまでの戦いぶりを振り返ればギリシャにはハードな試合になるが、ドイツが無敵とは思わない。ギリシャが突くとしたら守備に難のあるフィリップ・ラームだろう」

ここに来て「クロアチア対スペイン」「イングランド対ウクライナ」で見られたように、サッカー大国が有利になるような偏向ジャッジが目立つようになってきた。そんな空気を読むこともしなければ、逆境になればなるほど強いギリシャのことだ。ＥＵＲＯ２００４優勝メンバーで、現代表のキーマンとなる主将カラグニスを累積警告で欠いてしまうことすら、今のギリシャにとってはプラスに思えてくる。もし〝宿敵〟ドイツを打ち負かすなんて大快挙を成し遂げようものならば、ギリシャ国内中のタベルナで連日のように宴が繰り返されることだろう。

Republic of Cyprus

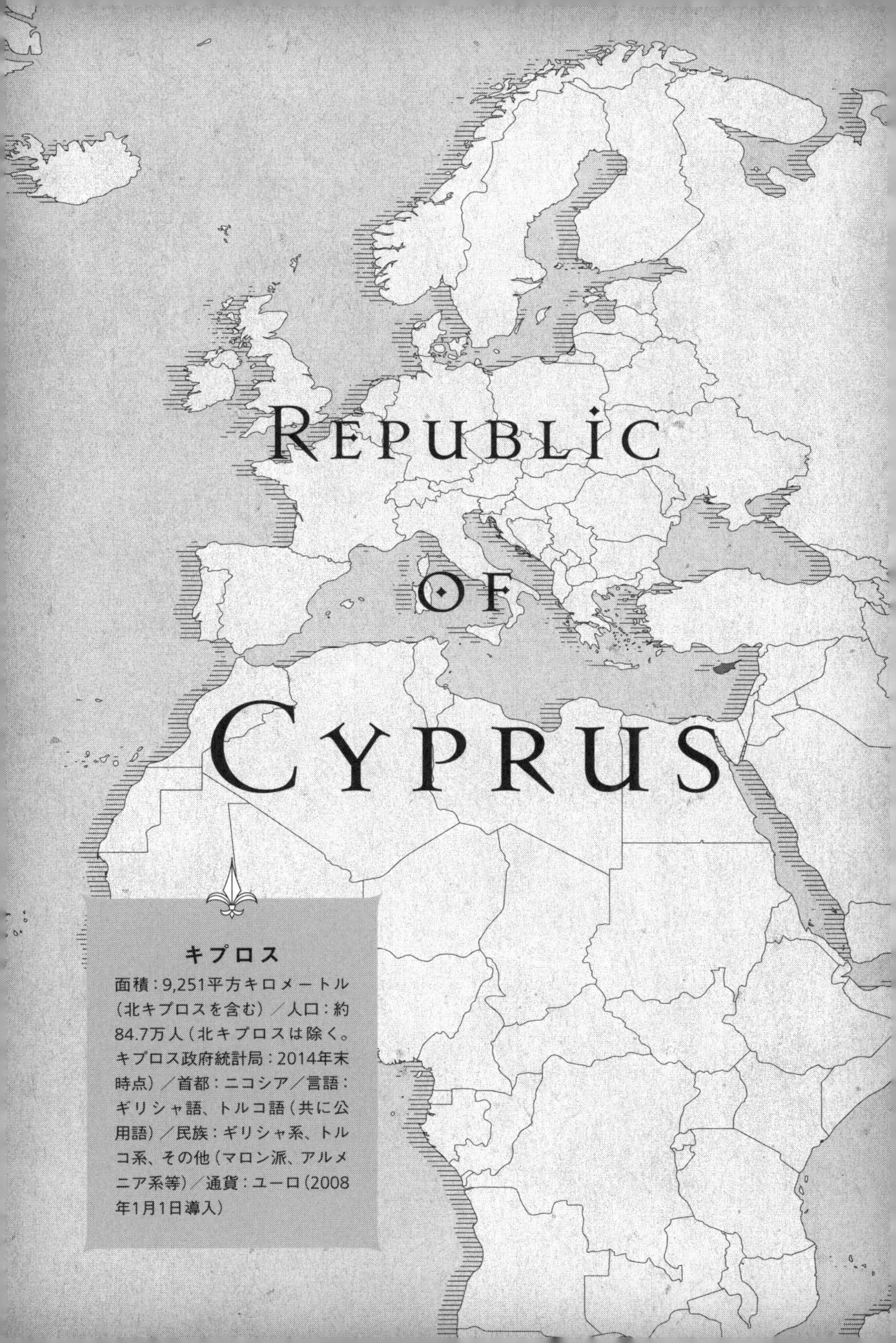

キプロス

面積：9,251平方キロメートル（北キプロスを含む）／人口：約84.7万人（北キプロスは除く。キプロス政府統計局：2014年末時点）／首都：ニコシア／言語：ギリシャ語、トルコ語（共に公用語）／民族：ギリシャ系、トルコ系、その他（マロン派、アルメニア系等）／通貨：ユーロ（2008年1月1日導入）

地中海に浮かぶ神秘の島
キプロスに横たわる分断の影

ポルトガルが逃げ切りを図った89分、クリアボールを拾ったキプロスはゴール前で懸命にパスを繋ぐ。バイタルエリアから放ったMFシニーシャ・ドブラシノヴィッチのミドルシュートはGKエドゥアルドが防いだものの、こぼれ球をMFアンドレアス・アブラームがヘディングでゴールに押し込んだ。壮絶な撃ち合いとなったEURO2012予選の開幕戦「ポルトガル対キプロス」（2000年9月3日）は4－4のドロー。キプロス代表を6年間率いるギリシャ人監督アンゲロス・アナスタシアディスは、声高らかに宣言した。

「我々の時代だ。更に大きな成果を収める時代がキプロスに来ると信じている」

しかし、続くノルウェー戦とデンマーク戦に敗北。当初の監督の期待とは裏腹に、いつもの定位置となるグループ下位に落ち着きつつある。

1960年の独立以降、キプロスはワールドカップ（W杯）予選に13回、EURO予選に11回参加し、そのすべてに敗退。グループ内の「アンダードッグ」として50年間、強国の餌食となってきた。だけど、彼らだって強国に噛み付くこともある。ＥＵＲＯ２０００予選ではスペインに３－２の大金星を挙げ、ＥＵＲＯ２００８予選でもドイツに１－１。２００９年には既に南アフリカ行きを決めて余裕をかましたイタリア相手に、アウェイのキプロスがゲームを完全に支配。残り12分間でＦＷアルベルト・ジラルディーノが爆発し、ハットトリックさえ決めなければ、あっさりキプロスが２－０で勝てたゲームだった。人口わずか85万人の島国が時に引き起こすサプライズ。この地中海に浮かぶ小国は神秘的な美しさの海洋リゾート国だが、欧州サッカー界においても実に神秘的な国だ。

代表レベルではまだ国際舞台に到達できないキプロスだが、クラブレベルでは新たな旋風を巻き起こしている。２００８年にはアノルトシス・ファマグスタ、２００９年にはＡＰＯＥＬが続けてチャンピオンズリーグ（ＣＬ）予選を突破。共にグループ最下位に甘んじたが、アノルトシスはインテルやヴェルダー・ブレーメン、ＡＰＯＥＬはチェルシーやアトレティコ・マドリードといった強豪相手にも怯むことなくドローに持ち込んだ。

ここ数年、キプロスのクラブが急速に力をつけてきた背景に、２００４年のＥＵ加盟と好調な経済がある。かつてはマネーロンダリングの温床とされていたキプロス金融も、今ではロシア投資の拠点として発展。また、燦々と輝く太陽を求める観光客が大挙訪れ、ここを安住の地と定めたイギリス人とロシア人が不動産を買い漁っている。

外国人の移住で人口も右肩上がりのキプロスだが、その傾向はサッカー界でも同じ。今のブームは安くて才能に優れたポルトガル人で、その頂点に立つのがAPOELのMFヌーノ・モライスだ。ジョゼ・モウリーニョ監督に才能を見出されて20歳でチェルシーに移籍するも出場機会に恵まれず、契約切れ後の行き先にキプロスを選んだ。右足の高い技術と守備力を備える彼は直ぐにAPOELの中心選手になり、全試合フル出場したCLでは古巣チェルシーとも対戦。環境に満足するモライスはAPOELと契約を延長し続けている。トップクラスの年俸は税抜で60万ユーロにも及び、近年はギリシャ代表DFトライアノス・デラス（アノルトシス）、スペイン代表DFイヴァン・カンポ（AEKラルナカ）、コンゴ民主共和国代表FWロマノ・ルアルア（オモニア・ニコシア）もプレーした。

キプロスリーグではEU選手が外国人扱いされず、キプロス国籍をチームに最低8名登録すればOK。EU圏外選手の登録は最大5人までだが、1年間プレーすればEU選手と同等の権利を得る。そのためドイツやオランダ、スペインといった西欧の国々に加え、南米やアフリカ、旧ユーゴからも次々に入団。即効性を求めるフロントは経験豊富な外国人選手を希望し、眼鏡に適った外国人選手は好条件に誘われてキプロスに渡る。クラブによってはスタメン全員が外国人というケースも少なくない。AELリマソールに在籍して3年、今では主将を務める元ボスニア代表MFドゥシャン・ケルケズに、昨今のキプロスブームの背景を尋ねた。

「キプロスのクラブが続けてCL本戦に進出できたのも、完成された外国人選手を多く雇っているからさ。金銭条件や生活条件に恵まれ、ブンデスリーガのクラブが払えない年俸をもらう選手もいる。更に外国人監督がチームをより高いレベルに押し上げているんだ。APOELのイヴァン・ヨヴァノヴィッチ監督（セルビア）が良い例だ。キプロスリーグならではのプレースタイルなんて存在しない。そもそもレギュラー格の自国選手が少ないからね。ここでのプレースタイルはあくまで外国人監督がどんなサッカーを志向するかに依存するんだよ。

正直、私もここを訪れる前、サッカー環境は悪く、低レベルな試合をやっていると思っていた。だが、実際は違っていて驚いたものさ。多くの旧ユーゴの代理人から売込の相談があるけど、今となっては移籍が容易じゃない。ポルトガルやブラジルから優秀な選手が次々と加入しているからね。もはやハイレベルな外国人でなければ、キプロスのクラブは獲得しないんだ」

ケルケズが感じるキプロス・サッカー界の欠点は、フロントが辛抱強さに欠けること。成績が悪ければ容赦なく監督の首を切り、外国人選手も次々とシャッフルする。キプロス国民はギリシャ国民と同様に気性が激しく、瞬間的な成功を望みすぎるというのだ。その一方、地元選手は自尊心が高い割には怠け者で、チーム練習が終わった途端、個人練習する外国人選手を横目にビーチやカフェに直行。名物のフラッペ（泡コーヒー）でも飲みながら、まったりと寛ぐという。34歳のケルケズは「キプロス人は自分達が最も賢く、最も優れた選手だと自惚れている。私は20歳のキプロス人よりも2倍はトレーニングを積んでいるというのに。とにかく彼らは練習嫌いなんだ」と嘆く。キプロス代表が安定した結果を残せない根源的な理由に、そんな怠惰な国民性がある。そして、キプロスにはもう一つ大きなネックがある。国の分裂だ。

相容れない民族、国家、クラブ、サポーター

ギリシャ人が多く住むキプロス島をオスマン帝国が占領したのは16世紀。イギリスが支配した近代もギリシャ系住民とトルコ系住民が激しく対立した。多数派のギリシャ系住民の間にはギリシャ本国との併合を主張する意見が強い中、宗主国イギリスの思惑も絡んで１９６０年、両民族共存でキプロスが独立。しかし、両民族の足並みは乱れて内戦状態に。１９７４年、ギリシャ軍事政権を後ろ盾にギリシャ併合を支持する強硬派がクーデターを起こすと、トルコ系住民を保護すべくトルコ本国が軍隊を送り込んだ。その結果、キプロスは南北に分断。島の北部にはトルコ系住民による新国家「北キプロス・トルコ共和国」が誕生した。停戦後も政治的緊張は続き、21世紀になっても再統合の道は険しい。我々が一般に「キプロス」と呼ぶ国は、

ギリシャ系住民が住む南側だ。男性は18歳になると2年間の兵役がある。

「ユース代表であろうとも彼らは兵役に行かねばならない。大事な時期に2年間もプレーしなかったら、サッカー選手として大成することは難しいよ。40年近く前に起こったトルコ系住民との戦争のツケを彼らは今こうして払っているんだ」

同じく祖国が民族問題を抱えているケルケズは、地元選手が伸びない原因をそうも指摘する。

両民族の衝突を防ぐため、「グリーンライン」と呼ばれる緩衝地帯が南北キプロスの間に形成され、それぞれの国が首都と定めるニコシアも南北で分断されている。2008年、ニコシア旧市街を縦に貫くレドラ通りに新たな検問所が設けられた。トルコ以外はどこも承認しない北キプロスへ、私も恐る恐る入国してみた。経済制裁を長年受けてきた国だけに、その貧しさは足を踏み入れた瞬間に分かる。実は北キプロスにもサッカー協会があり、独自の代表、独自のリーグが形成されているが、国家が国際的に承認されない以上はW杯にもCLにも出場チャンスがない。それでもFIFA未加盟の代表チームで競われる大会に出場すれば、北キプロスは常に優勝候補だ。物寂しげなニコシア北部を散策中、私はグラウンドでサッカーを楽しむグループと出会った。迷彩カラーのシャツを着る若者もいれば、フェネルバフチェのユニフォームを着る若者もいる。話を聞くと、彼らはグリーンラインを監視するトルコ人兵だった。

休憩となれば頻繁にグラウンドでサッカーを楽しむという。英語が達者な1人の兵士はドイツで生まれ育ち、親の祖国を守るべく北キプロスの志願兵となった。彼が私に訊く。

「北キプロスは気に入ったかい？」

「いいところだろうけど、実はグリーク・サイド（南側）から入国して1時間しか滞在していないんだ。これから戻ってAPOELとオモニアのニコシア・ダービーを観戦する予定だ」

私の返答に彼らのテンションは一気に低くなった。それはそうだろう。敵対する民族のサッカーを話題に出してしまったのだから。

「昔と違って今は随分と平和になりましたよね」

失言を挽回しようと試みたが、私は更なる墓穴を掘ってしまった。

「いや、しかし……。ほら、あそこを見てくれないか」

1人の兵士が高台を指差した。その先には銃を携え、塔からグリーンラインを監視する同僚の姿が。彼らの戦争はまだ終わっていない……。旧市街に戻ると午前の太陽はすっかり高く昇り、子供達の遊び声で賑やかだった。目の前をフェネルバフチェのFWダニ・グイサのユニフォームを着た少年が歩く。あの少年が青年になった時、憧れのプロサッカー選手としてグリーンのピッチに立つことはなく、一兵士としてグリーンラインの向こうを眺めるのだろう。

キプロスの分断は国家だけに終わらない。政治的な理由で分断し、熾烈な争いを繰り返すクラブがニコシアにある。リーグ優勝を最多の20回で肩を並べるAPOELとオモニアだ。1948年、ギリシャ内戦で右派を支持するAPOELのフロントが、同調しない左派の5選手をチームから追放。彼らを中心に結成された新クラブがオモニアだ。試合となれば右派のAPOELサポーターはギリシャ国旗、左派のオモニア・サポーターはキプロス国旗を掲げ、互いに侮辱を繰り返す。両クラブが本拠地とするGSPスタジアムもダービーとあれば完全に分断。武装警官隊や軍隊が出動し、両サポーターの接触を防ぐために有刺鉄線のバリケードが設けられる。駐車場だけでなく、スタジアムに繋がる道路すら分断するのだ。2万3000人のチケットも即完売。人口比率を考えれば、最も過激で熱いダービーといえよう。キックオフ前にはウサギを手にしたオモニア・サポーターがピッチに乱入。APOELカラーのオレンジで塗りたくられたウサギは、脚が折られて動けなくなっており、その非人道的行為に動物保護団体からの抗議がのちに届いたと聞く。グリーン・ピープル紙のディアマンティデス記者に両サポーターがどれほど憎しみあっているか尋ねたところ、簡単明瞭な例えをしてくれた。

「まるで日本と中国の関係みたいなものだよ」

相容れないサポーター。相容れないクラブ。相容れない民族。相容れない国家。それでも彼らは病的なまでにサッカーを愛し続けている。

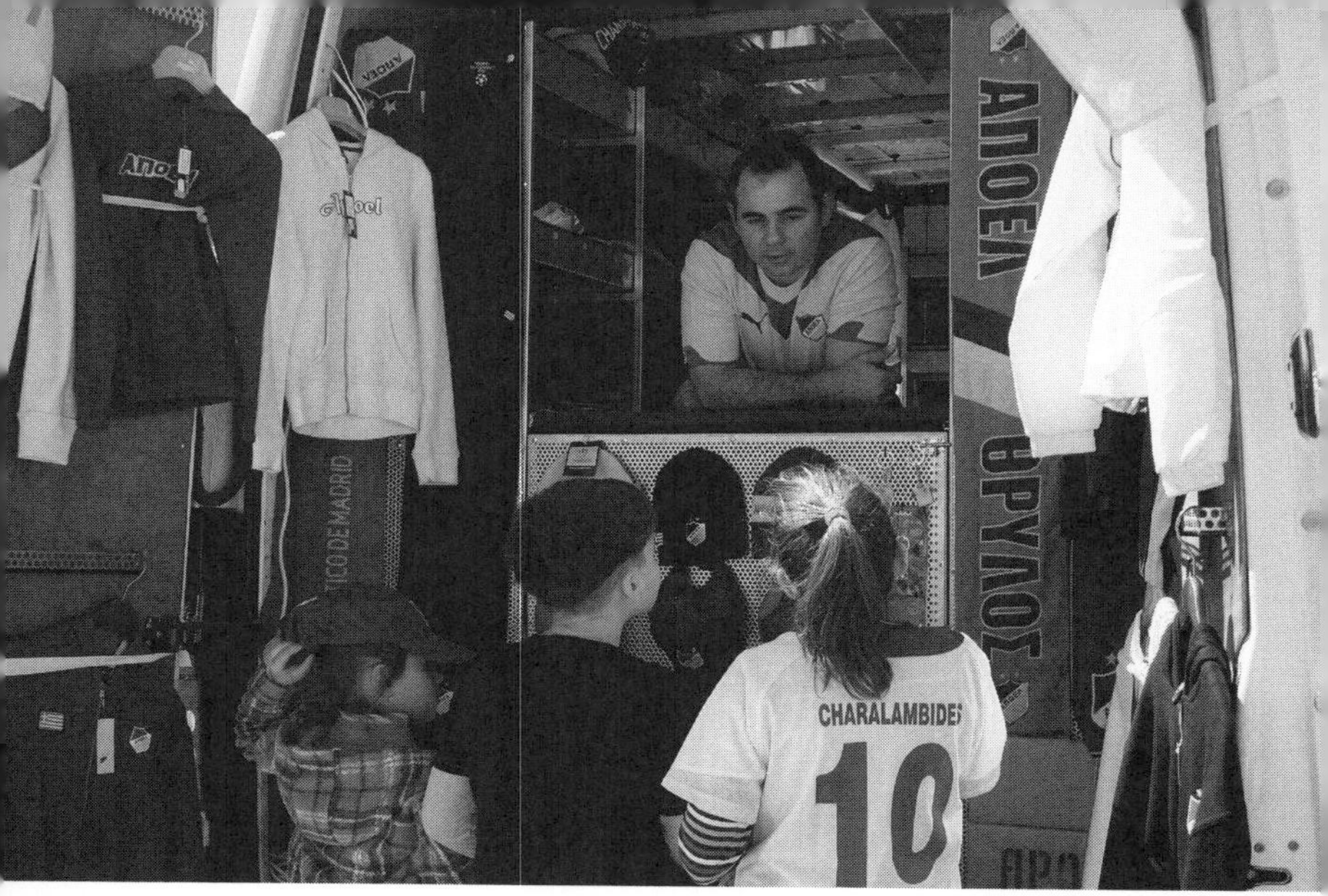

スタジアムの敷地内に停車したAPOELの移動ファンショップに集まる子供達。
「ニコシア・ダービー」のキックオフ2時間前は、まだ穏やかな雰囲気だった。

アポなしのインタビューでも真摯に対応してくれたAELリマソールのケルケズ。ベオグラード生まれのセルビア人で、
父の故郷ボスニアの代表を選択し、クロアチアのリエカでもプレー。キプロスの人々とは政治の話を避けているという。

オモニアが準備していたコレオグラフィは、APOELカラー（オレンジ）のモンスターを追うオモニア・カラー（緑）の「パックマン」だった。オモニア・サポーターは試合に勝利した直後、準備良く「GAME OVER」の横断幕を掲げていた。

休憩時間にサッカーに興じていた北キプロスの兵士達。普段は地上波でトルコリーグの中継を観戦しているという。写真撮影には上官の許可が必要で、「一枚だけならOKだ。ただし、あの見張り台は入れないでくれ」と告げられた。

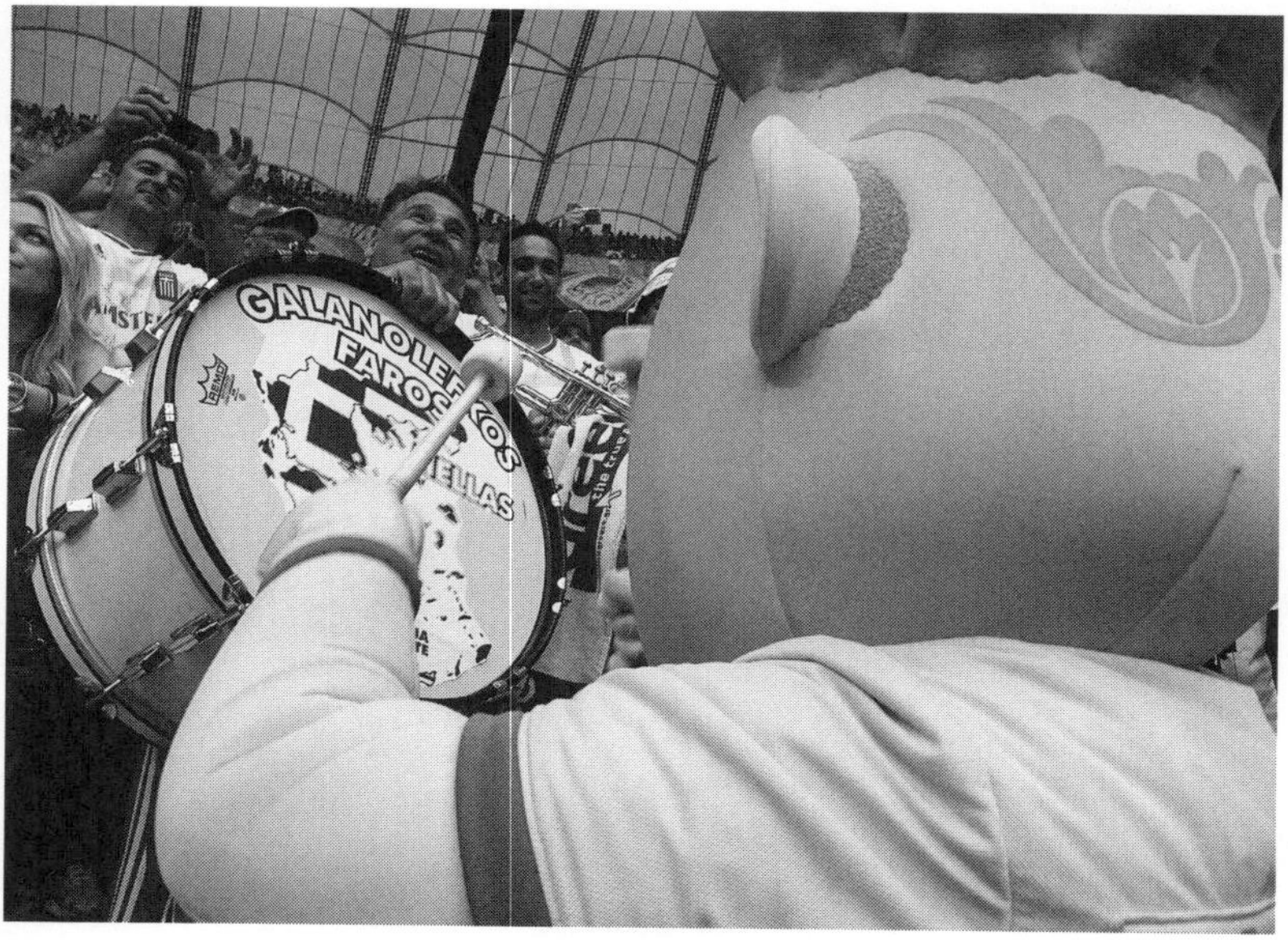
FAROS

東欧行脚の背景にあったもの

あとがきに代えて

私が東欧諸国のサッカーに興味を持ったのは、ブルガリアとルーマニアが躍進した1994年のアメリカW杯がきっかけだ。1997年に初めての一人旅でクロアチアを訪れて人生観が変わり、会社を辞めた後はバックパッカーとして旧共産圏の国々を中心にサッカー観戦の旅を重ねた。知られざる世界を覗き込む興奮が常にそこにあった。

2001年から10年間をクロアチア、続く4年間をリトアニアで過ごしながら東欧をフィールドワークすることになるが、インターネットで瞬時に世界中の情報にアクセスできる時代になっても原点は変わらない。そこに何があるのか自分の目で確かめる、ということだ。「クロニクル＝年代記」のタイトル通り、取材当時の出来事やインタビューを軸にしたレポートでこの本は構成されている。ここでは取材の背景や想い出、その後の変化などを章ごとに触れていく。

「権力闘争に揺れるクロアチア、私物化されたディナモ」（2015年発表）は、同国のサッカー界が抱える諸問題を「2014年」で切り取ったレポートだ。クロアチアがその名を轟かす機会はもっぱらスポーツ界に限られるが、貧相な環境でもタレントが次々と湧き出る国である。サッカーにおいては移籍ビジネスが巨大化すると同時に悪党が群がり、ついにはマミッチという怪物を生み出してしまった。モドリッチの移籍金横領で2015年に逮捕され、ディナモ・ザグレブ取締役会長とサッカー協会副会長は辞任したものの、今でも代表人事に口を挟むなど影響力は絶大だ。

かつての英雄シュケルは協会会長職に固執し、何一つ問題を解決せずに混乱と対立を招くだけの国民から鼻つまみ者になってしまった。彼が党員を務めるHDZが政権を奪還したのちは政治的擁護を受けるどころか、その独善的な態度に政治家からも愛想を尽かされた。協会に反目するフーリガンも毎年のように騒動を起こし、代表チームは絶えず犠牲になっている。

「『5・13』の検証と報告――暴動事件の真実」（2002年）は、収録したレポートでは一番古いもの。警官を蹴り飛ばした理由をボバンに尋ねると、またそのテーマか、と嫌悪感を露わにした。そこでの彼の回答に熱量を一切感じなかったことが違和感の始まりで、暴動事件についで語られるストーリーと当時の報道記事の間で差異を知ったことがレポート化した理由だ。

毎年5月13日になると、国内メディアは事件を振り返ることが今でも慣わしとなっている。蹴られた元警官のアフメトヴィッチは「同僚からボバンを撃てと説得された」「ＢＢＢはストイコヴィッチ殺害指令を受けていた」などの新証言を出すも、まだボバンとの和解はできていない。ボバンは２００２年に引退試合を行い、ザグレブ大学で歴史学を修めたのちはコメンテーターとして活躍。現在はＦＩＦＡ副事務局長の要職に就いている。

今でも「暴動事件は戦争の始まりか？」という論争がクロアチア国内で継続中だが、事件から25年経った２０１５年、ユーゴ崩壊を予兆させる出来事の一つとして高校の歴史の副読本に初めて盛り込まれた。

硬いテーマから一転、「謎の地域、沿ドニエストルへ。２０１０ＣＬ予選」（２０１０年）は、フーリガン達との珍道中記だ。ディナモのサポーター「バッド・ブルー・ボーイズ」（ＢＢＢ）は泣く子も黙る武闘派軍団だが、同じアウトローの臭いを感じ取ってか、クロアチアに住んで間もない私を温かく迎え入れた。のちに反マミッチ派と親マミッチ派で組織は分裂し、青春を共に過ごしたメンバーの多くも卒業。そんな中、最後の想い出作りにと参加したモルドバ遠征は、２人の旧友が主人公になった。破天荒な性格のオッカツは、この3年後に年増のポーランド人女優と結婚。本書のクロアチア編にも登場したトミは、出入禁止の反マミッチ派が2014年に創立したプロクラブ「フットサル・ディナモ」のサポートにいそしんでいる。

モルドバ国内にある沿ドニエストルは、2011年にスミルノフ大統領が選挙に敗れて政権交代が実現したものの、情勢は当時のままだ。クリミア併合の際に沿ドニエストル政府はロシア編入を求めるも、駐留軍は置いても国家承認せぬロシアは沈黙を守っている。

シェリフは相変わらずモルドバ最強クラブの地位を保っており、2017年にはヨーロッパリーグ32強にあと一歩と健闘した。

「多文化地域ヴォイヴォディナが誇る、永遠なるセルビアの3番手」(2012年)。元クロアチア代表のプロシネチュキが監督就任したツルヴェナ・ズヴェズダをメインとするはずが、対戦相手のヴォイヴォディナのホスピタリティに惚れ込んだのが取材のきっかけ。クラブの全面協力を得て可能な限りのインタビューを行い、プロビンチャの名門を丸裸にした。

取材翌年にクラブの代名詞だったブトロヴィッチ会長が急死したことで、ヴォイヴォディナは新たな局面を迎えた。跡を継いだ息子は元セルビア代表のマテヤ・ケジュマンを副会長に据えるも、代理人ビジネスに首を突っ込むケジュマンの利益誘導が疑われ、3ヶ月後に揃って失脚。2014年のクラブ創立100周年には念願のカップ戦優勝を果たしたが、手塩に掛けて育てたＭＦセルゲイ・ミリンコヴィッチ＝サヴィッチが代理人ケジュマンによって格安な移籍金で引き抜かれてしまった。ケジュマンが副会長だった頃、「あの人は今？」の企画でインタビューを打診したものの、クラブ広報に「詳しくは語らぬが、奴はやめておけ」と説得された理由が今となっては分かる。本書に登場した伝説のＧＫパンテリッチは、カップ戦の優勝セレモニーで涙を流しながらメダル授与を行い、その半年後に惜しまれつつ亡くなった。寛容の精神を愛した彼の意思を引継ごうと、死の翌年には国際ユース大会「トロフィー・イリヤ・パンテリッチ」が誕生。欧州各地から毎年１０００人以上の子供が参加している。

「欧州への入口、ラトビア。日本人選手たちとの共生」（２０１２年）は、欧州挑戦の登竜門となるラトビアリーグに10人もの日本人が在籍した年に書いたもの。クラブ経営は厳しく、消滅するクラブも多い中（スコントも２０１６年に経営破綻）、同国初の日本人選手となった赤星貴文がメタルルグスに加入した２０１０年以降、日本人選手を絶やしたシーズンは１度もない。佐藤穣や斎藤陽介のようにステップアップ後、再びラトビアに戻ったケースもある。

「サポーター分裂、港町リエパーヤ　２００8ヴィルスリーガ第15節」（２００8年）も舞台はラトビア。バルト3国を縦断しながら5試合を取材する中、内在する民族問題に気付かされた唯一のクラブがメタルルグスだった。ロシア系のサポーターグループ「レッド・ブルー・サポート」はのちに自然解散し、ラトビア系の「メタル・ファンズ」のみが残ったが、スポンサーの鉄鋼会社がリーマンショックの影響で2013年末に破産し、メタルルグスはクラブ消滅に追い込まれた。

翌年にリエパーヤ市がクラブの財産を引き継ぎ、本書にも名前が登場する元ラトビア代表ヴェルパコヴスキスが会長となって「FKリエパーヤ」として再出発。2015年には早くもリーグ優勝を達成した。メタル・ファンズは新クラブのサポートを決め込むも、メタルルグスと同じく消滅したようだ。

「奇跡のEURO2012出場を目指す〝十字軍〟ジョージアの未来」（2011年）は、まだこの国の日本語表記が「グルジア」だった頃の取材記である。ジョージア人は私の知る旧ソ連の人々の中でもっとも気立ての良い民族だ。取材が東日本大震災直後ということもあり、代表マッチでは選手や観客が日本を励ますメッセージシャツやバナーを用意し、宿泊先でも「宿代は受け取らない代わり、すべてを震災支援に募金してくれ」と頼まれた。

ジョージア代表の改革を目指したケツバイア監督だったが、EURO2012予選のあとベテラン陣を次々に切ったことが仇となり、チーム内外のムードが悪化。ブラジルW杯予選は5位に終わり、続くＥＵＲＯ予選が４戦未勝利になった時点で代表監督を辞任した。

２０１6年にジョージアはスロバキアの名将ヴラディミール・ヴァイス監督を招聘し、6月のスペインとの親善試合に１－０で勝利するも、ロシアＷ杯予選では1勝もできないまま5位。２０１9年のラクビーＷ杯・日本大会で４大会連続出場を果たすジョージア代表とは対照的だ。ちなみにジョージア代表の顔だったカラーゼは引退後に政治家に転身し、副首相やトビリシ市長を務めている。


「オシムの目に涙。ボスニア、４度目の正直でＷ杯初出場」（２０１３年）、「ボスニア敗退。現実になったオシムの危惧」（２０１４年）は、それぞれスポーツナビに掲載された記事。ボスニアがＷ杯出場を決めたリトアニア戦は、私の取材歴でも記憶がないほどアウェイサポーターが街とスタジアムをジャックした試合だった。代表チームに関しては、3民族の対立ばかりがクローズアップされた時代は終わり、よりスポーツ的な視点が強まってきたと思う。それこそ母国で常に警鐘を鳴らし続けるオシムの影響によるものではないだろうか。

ボスニアはＥＵＲＯ２０１６、ロシアＷ杯と出場を続けて逃したのち、オシムの息子アマルが新監督の最有力候補になったものの、最終的にはプロシネチュキが選ばれた。ファナティコスは好意的に捉えながらも「彼をスター監督として持ち上げることはしない。期待値を減らせば、常に満足できると学んできた」と表明するなど、サポーターとして少し成熟度が見られるようだ。

「バスケ大国リトアニアにサッカー文化は根付くのか」（2014年）は、同国で3年間の定点観測をした上でまとめたレポート。冬の寒さは厳しく、人々が暗い「自殺率世界一の国」に慣れることは最後までなかった。少しでもリトアニアを逃れるべく周辺国に足を運んだことが、それまで旧ユーゴ諸国だけだった私の取材範囲を大きく広げることになったともいえる。

首都ヴィリニュスの国立スタジアムは、建築開始から30年経った今でも廃墟のまま。人口流出率はEU加盟国でもっとも高く、1990年の独立回復当初から総人口は20％以上も減少した。同様にサッカー選手の絶対数も減っており、2013年からリーグ4連覇を果たしたジャルギリスの「美人すぎる会長」ことヴィルマ女史は現在、ユース組織の強化や国外挑戦失敗組の帰還を推奨している。

「英雄ザホヴィッチ率いるスロベニアの強豪、マリボル」（2012年）は、国際舞台で躍進するスロベニアのクラブがテーマ。このあとマリボルはグループステージを2位で通過し、その年の大会王者となるセビージャとベスト32で対戦。トータルスコアで1点差まで追い詰めるほど善戦した。ゴール裏に無骨な男性が集う旧ユーゴ諸国において、マリボルでは珍しく中年女性のサポーターも混じっていた。取材マッチが欧州カップという注目度があったにしろ、クラブが地元のあらゆる世代に愛されている存在なのは間違いない。

スポーツディレクターのザホヴィッチは一時的な成功に溺れることなく、その後も少ない予算でクラブ運営を切り盛りしている。無職だったミラニッチを再び呼び寄せ、2016／17シーズンに2年ぶりのリーグ優勝を達成。ザホヴィッチの息子ルカがチーム得点王となり、元名古屋のミリヴォイエ・ノヴァコヴィッチが有終の美でキャリアを終えた。翌季には2013年以来3度目となるCL出場を果たし、その出場給は年間予算を遥かに超えたという。ただし、ザホヴィッチの好戦的な性格が仇となり、2018年3月、ジャーナリストを酷く侮辱したためにサッカー協会から半年間の活動停止を処分を受けている。

「ウクライナ政変直後。ナショナルダービーの高揚」（2014年）は、警察隊と反政府デモ隊との衝突で80人を超える死者を出した騒乱直後に取材したものだ。キエフの独立広場周辺はバリケードや慰霊写真があふれる中、EURO2012仕様のテントがデモ隊の野営生活に使われていたのが衝撃的だった。ドネツクには2008年秋に訪れたことがあり、当時はシャフタールの新本拠地ドンバス・アレーナが急ピッチで建設中。集合住宅の壁面には主将スルナの写真が大きく掲げられていたのを覚えている。このシーズンにシャフタールはUEFAカップを制し、初の欧州タイトルを獲得した。

ナショナルダービーのあと、ウクライナ東部では親ロシア派武装集団と政府軍の軍事衝突が激しくなり、試合からちょうど1ヶ月経った5月16日、スルナは自家用車以外のすべての品と持家を残してドネツクを脱出。ドンバス・アレーナもトレーニングキャンプもロケット砲で破壊され、クラブは〝難民化〟してしまった。その年にはブラジル人選手ら6人が恐怖からウクライナ入国を拒否するなどチーム内も混乱。それでもスルナは頑なにシャフタールへの愛情とドネツクへの帰還にこだわり、2017年にはバルセロナのオファーすら拒否。35歳になって身に覚えのないドーピング疑惑に巻き込まれ、1年近くを棒に振ったところでもシャフタールでの現役続行を貫いたのは如何にも彼らしい。

「サポーター同士の協定とは？　ポーランド独自の応援文化」（2013年）は、まさにタイトルそのままのレポート。母国イングランドでは絶滅しつつあるフーリガニズムが脈々と生き続け、ポズナンダンスのような応援スタイルも輸出するポーランドは、サポーター界におけるトップランナーだ。西欧でポーランド人は何かと嫌われる存在だが、スラブ民族ではセルビア人と並んで親しみやすい民族。スタジアムはどこも真新しく、ファンショップも充実しているので、東欧でサッカー観戦したい方にはとりわけお薦めの国である。
スタジアムにいる美女の多さに関しても東欧ナンバーワンだろう。ＥＵＲＯ２０１２ではもっぱらポーランドで撮影取材したが、珍しく西欧国のサポーターに美女がいると思ったら実はポーランド人だった、というケースが無数にあった。

知られざる東欧サッカーの世界を紐解くことが本書の趣旨だとしたら、「政治に振り回されるコソボ・サッカーの悲劇」（２０１２年）は、その最深部へと迫ったレポートだ。コソボ最大のダービーマッチを撮影した写真はクロアチアのネットメディアにも掲載され、多くのアルバニア人から「紹介ありがとう」との感謝メッセージが届いた。

その後もコソボ・サッカー連盟は〝ゲットー〟から脱出しようとロビー活動を続け、２０１６年5月に行われたＵＥＦＡ総会で突破口を開く。「国連で承認された独立国の連盟だけが加盟できる」と定めたＵＥＦＡ憲章第5章の改定案は、規定の2／3以上の賛成を得られず廃案になった。しかし、直後にしれっとコソボのＵＥＦＡ加盟について秘密投票が行われ、こちらは規定の過半数を辛うじて超えることでコソボを承認。10日後にはＦＩＦＡ加盟もクリアし、ロシアＷ杯の予選参加に滑り込んだ。コソボの独立を認めぬセルビアは、ＵＥＦＡ憲章の有効性を盾にスポーツ仲裁裁判所に異議を申し立てるも、翌年には棄却された。

「日本人と名物会長が牽引するＩＴ国家エストニアのサッカー界」（２０１２年）は、海外挑戦のイノベーター的存在といえる和久井秀俊に話を聞いた。エストニアは電子政府化を推進し、ニュービジネスの発信源として世界的注目を浴びるＩＴ大国。８か国でプレーした和久井は「国の成長と共にサッカーも成長する」との持論を持ち、エストニアとこの国のサッカーの将来性を見込んでいた。両者の出会いは運命的でもあり、必然的だったのだろう。和久井はノーメ・カリュに6シーズン在籍して74得点を記録。２０１３年にはＣＬ予選3回戦まで勝ち進んだ。エストニアは非居住者に電子住民のＩＤを発行し、外国人の起業も促す国だが、それを活用してＥＵのビジネス進出を図る日本企業のサポート会社を彼は設立している。

エストニアリーグの雰囲気は牧歌的であるものの、「森の人」ことポフラク会長のリーダーシップで地道にサッカーの裾野は広がった。スカイプの発祥国だけに、クラブ間との遠隔会議も一般的。２０２０年にはタリンでＵＥＦＡスーパーカップが開催される予定だ。

ここからは番外編。「小国サッカー界の優等生アイスランド成長の軌跡」（２０１３年）は、その前年に同国のサッカーシーンをつぶさに取材し、いずれは「世界で最も人口の少ないＷ杯出場国」になることを予言したレポートだ。代表チームの成長スピードは私の予測を遥かに上回り、取材から1年半後にはブラジルW杯のプレーオフまで勝ち進む。

予選を突破し、初めての国際舞台となったＥＵＲＯ２０１６では、イングランドを破って見事ベスト8に進出。選手とサポーターが一体化する「バイキング・クラップ」で一世を風靡した。ちなみにレポートに出てくるＫＲの試合で、最後にＰＫを止めたハルドーソンが現代表の正ＧＫ。映像作家を本業としていることで有名だ。

「移民との融合が鍵を握るフィンランド・サッカーの未来」（２０１２年）も予測を伴ったレポートだ。最近になってフィンランド代表にも移民や難民の子孫が次々と選出されている。アーセナル・ユース出身でシエラレオネ人の両親を持つＭＦグレン・カマラ、父親がナミビア人でロシアW杯予選のクロアチア戦では同点弾を決めたＭＦピリ・ソイリはそれぞれフィンランド生まれ。アフガニスタン人のＭＦモシュタグ・ヤグホウビは首都カブールで父親を殺害され、11歳の時に難民としてフィンランドに逃れてきた選手だ。

フィンランド移民局はサッカーを通して難民との連携を図り、協会やクラブ、選手会も人種差別撲滅と多文化主義を掲げてスクラムを組んでいる。しかし、昨今はノキアの競争力低下でフィンランド経済が悪化の一途を辿り、難民の大量流入に反発して移民排斥を掲げるような自警団も現れた。２０１７年に難民申請のアフガニスタン国籍10人が国外退去となった際には、ヤグホウビが空港で反対デモに参加するなど、寛容な国の中にも変化の兆しが見られる。

「ギリシャが挑む『債権者ダービー』８年前の奇跡は再び起きるのか」（２０１２年）は、ＥＵＲＯ２０１２のギリシャが主人公だ。この大会における私はギリシャとの縁がやたらと深く、予選を含めて６試合を取材。決勝トーナメント１回戦のドイツ戦では打ち負けてしまったものの（結果２－４）、最後まで勝負を諦めぬ不屈の精神はしかと感じ取った。

それだけにブラジルＷ杯の日本戦で、前半のうちに重鎮カツラニスが退場した際には嫌な予感がしたものだ。終了間際にＰＫを獲得し、大逆転でグループステージ突破を決めたコートジボワール戦こそギリシャの真骨頂。ヨーロッパの中堅国や弱小国に大きな勇気を与えたＥＵＲＯ２００４の覇者として、模範となるべきサッカー国である。

最終章の「地中海に浮かぶ神秘の島キプロスに横たわる分断の影」（２０１１年）は、おそらく日本で初めてＡＰＯＥＬの試合を現地取材したレポートだろう。翌季のＣＬでベストに進出し、世界を驚かせた彼らもまた、中堅国や弱小国のクラブにおける希望の星となった。取材時は堅調だったキプロス経済だが、ギリシャの金融危機が飛び火し、２０１３年の預金封鎖で混乱に陥った。財政的に苦しくなったライバルのオモニアはサポーターが寄付を集めることで危機を克服したものの、すっかりAPOELの常勝を許してしまっている。一方、2017年にキプロスの再統合交渉は決裂。島国は未だ分断されたままだ。

キプロス取材後にオシムと会い、現地の顛末を話したことがある。伏し目がちだった彼が私の眼を射抜くように見つめて話を聞き、「キプロス代表は昔から良いサッカーをやっている。ユーゴ代表監督として私は対戦したんだ」と一言。彼のグラーツの自宅を訪れたら、居間でアルバニアリーグの中継を観ていた、なんてこともあった。どの国のサッカーに対してもリスペクトを忘れない御大に、ちょっぴり認められた気がした。

最後に、これまで取材に応じてくれた、すべてのサッカー関係者に感謝をしたい。私がクロアチア語話者ということもあり、この本には多くの旧ユーゴの人々が登場する。世界の津々浦々に溶け込む彼らは、その国のサッカー事情を裏表なく語ってくれた。彼らのオープンマインドにどれだけ助けられたことだろうか。そして、日本人のチャレンジ精神にも敬服している。もはや日本人がプレーしたことのないリーグのほうがヨーロッパでは珍しくなった。

この本をきっかけに「東欧サッカーを実際に観てみたい」と思って頂けたのならば、サッカージャーナリスト冥利に尽きる。異国のスタジアムできっと、あなたのクロニクルに新たな発見が刻まれるはずだ。

長束恭行 YASUYUKI NAGATSUKA

１９９７年、名古屋生まれ。同志社大学経済学部卒業。銀行に勤めていた１９７３年、海外サッカー初観戦となるディナモ・ザグレブの試合に感銘を受けて帰国後に退職。その後はクロアチアと周辺国の観戦旅行を繰り返して、２００１年にザグレブ移住。大学でクロアチア語を会得し、旧ユーゴ諸国のサッカーを10年間にわたって取材した。２０１１年から4年間は拠点をリトアニアに移して取材範囲を拡大。

訳書に「日本人よ！」（著者：イビチャ・オシム、新潮社）、著作に「旅の指さし会話帳 クロアチア」（情報センター出版局）、共著に「ハリルホジッチ思考」（東邦出版）がある。

10年来の付き合いとなるバッド・ブルー・ボーイズ（BBB）の友人、トミと一緒に。沿ドニエストル入国を前にして、キャラバン隊がガソリンスタンドで一列になった。

◆ バスケ大国リトアニアにサッカー文化は根付くのか
掲載誌「欧州サッカー批評 issue09」(2014年2月13日発売)

◆ 英雄ザホヴィッチ率いるスロベニアの強豪
掲載誌「footballista #281」(2012年11月14日号)

◆ ウクライナ政変直後。ナショナルダービーの高揚
掲載誌「月刊フットボリスタ #10」(2014年6月号)

◆ サポーター同士の協定とは？　ポーランド独自の応援文化
掲載誌「欧州サッカー批評 issue08」(2013年8月17日発売)

◆ 政治に振り回されるコソボ・サッカーの悲劇
掲載誌「footballista #265」(2012年7月4日号)

◆ 日本人と名物会長が牽引するIT国家エストニアのサッカー界
掲載誌「footballista #282」(2012年11月21日号)

◆ 小国サッカー界の優等生アイスランド成長の軌跡
掲載誌「欧州サッカー批評 issue07」(2013年2月12日発売)

◆ 移民との融合が鍵を握るフィンランド・サッカーの未来
掲載誌「欧州サッカー批評 issue05」(2012年2月14日発売)

◆ ギリシャが挑む「債権者ダービー」8年前の奇跡は再び起きるのか
「スポーツナビ」(2012年6月22日掲載)

◆ 地中海に浮かぶ神秘の島キプロスに横たわる分断の影
掲載誌「欧州サッカー批評 issue03」(2011年1月22日発売)

＊本文中の時系列や年齢の表記は初出年を基準としている

初出一覧

◆ 権力闘争に揺れるクロアチア、私物化されたディナモ
掲載誌「欧州フットボール批評 issue01」(2015年2月16日発売)

◆「5・13」の検証と報告——暴動事件の真実
HP「現地発！クロアチア・サッカーレポート」(2002年5月27日掲載)

◆ 謎の地域、沿ドニエストルへ。2010CL予選・1
HP「現地発！クロアチア・サッカーレポート」(2010年8月7日掲載)

◆ 謎の地域、沿ドニエストルへ。2010CL予選・2
HP「現地発！クロアチア・サッカーレポート」(2010年9月2日掲載)

◆ 謎の地域、沿ドニエストルへ。2010CL予選・3
HP「現地発！クロアチア・サッカーレポート」(2010年10月24日掲載)

◆ 多文化地域ヴォイヴォディナが誇る、永遠なるセルビアの3番手
掲載「欧州サッカー批評 issue06」(2012年8月17日発売)

◆ 欧州への入口、ラトビア。日本人選手たちとの共生
掲載誌「footballista #260」(2012年5月23日号)

◆ サポーター分裂、港町リエパーヤ 2008ヴィルスリーガ第15節
HP「現地発！クロアチア・サッカーレポート」(2008年9月7日掲載)

◆ 奇跡のEURO2012出場を目指す“十字軍”グルジアの未来
掲載誌「欧州サッカー批評 issue04」(2011年8月19日発売)

◆ オシムの目に涙。ボスニア、4度目の正直でW杯初出場
「スポーツナビ」(2013年10月18日掲載)

◆ ボスニア敗退。現実になったオシムの危惧
「スポーツナビ」(2014年6月22日掲載)

ブックデザイン　アルビレオ
DTPオペレーション　ライブ
編集協力　後藤勝、一木大治朗
編集　森 哲也（カンゼン）

東欧サッカークロニクル

モザイク国家に渦巻くサッカーの熱源を求めて

発行日　2018年5月28日　初版

著者　長束 恭行
発行人　坪井 義哉
発行所　株式会社カンゼン
〒101-0021
東京都千代田区外神田2-7-1 開花ビル
TEL 03（5295）7723
FAX 03（5295）7725
http://www.kanzen.jp/
郵便為替 00150-7-130339

印刷・製本　株式会社シナノ

ISBN 978-4-86255-468-0　Printed in Japan
定価はカバーに表示してあります。
ご意見、ご感想に関しましては、
kanso@kanzen.jpまでEメールにてお寄せ下さい。
お待ちしております。